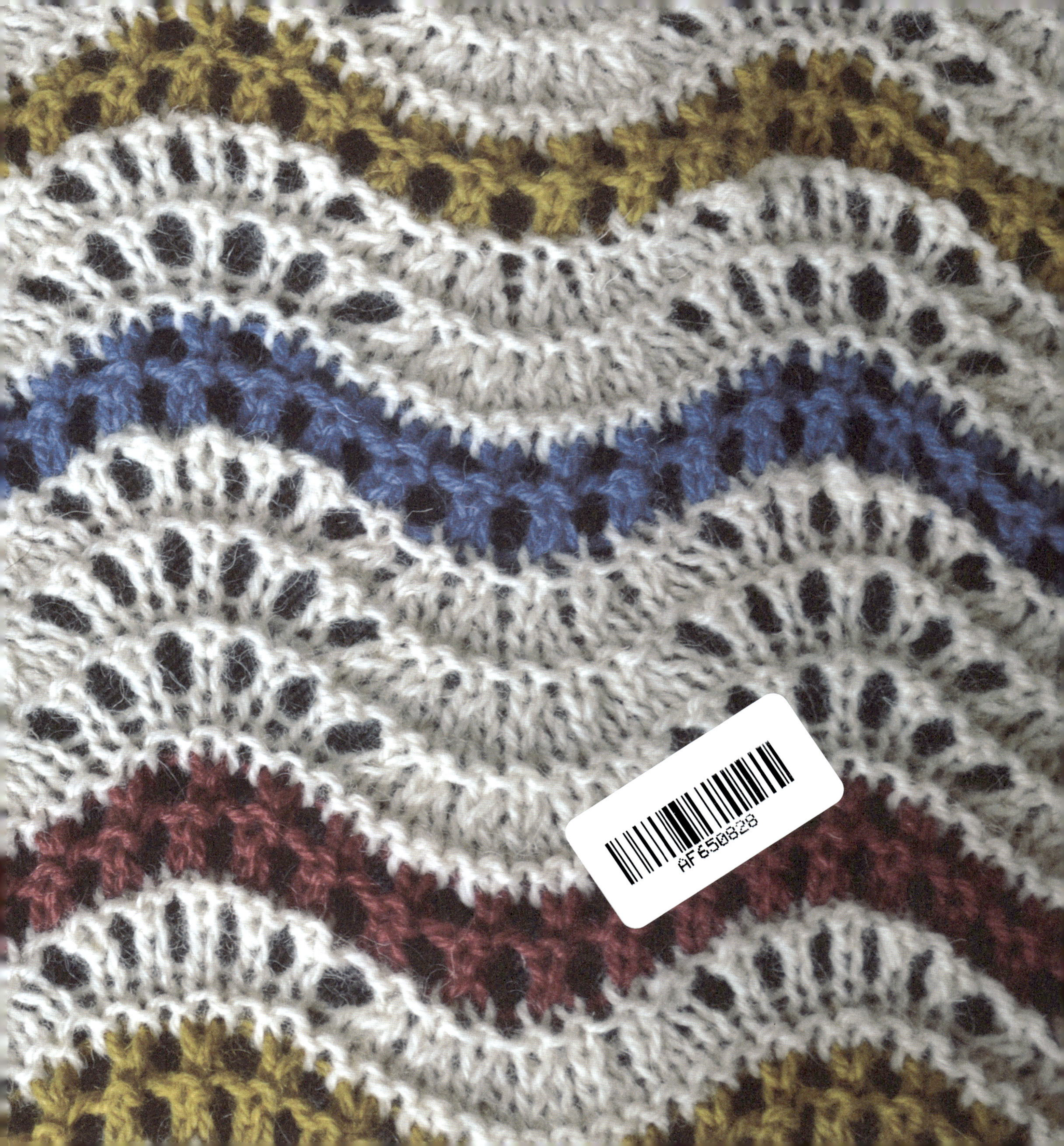

Liebe Leserin, lieber Leser,

mit dieser Karte können Sie uns Ihre Fragen und Wünsche oder Ihre Meinung zum Buch mitteilen.

Diese Karte entnahm ich dem Buch: ______________________________

Meine Meinung zu diesem Buch:

Ich habe folgende Fragen / Wünsche:

☐ **Ich bin damit einverstanden, dass meine Meinung eventuell veröffentlicht wird.** (Ggfs. bitte ankreuzen!)

Marja de Haan | Hilly van der Sluis Holland stricken

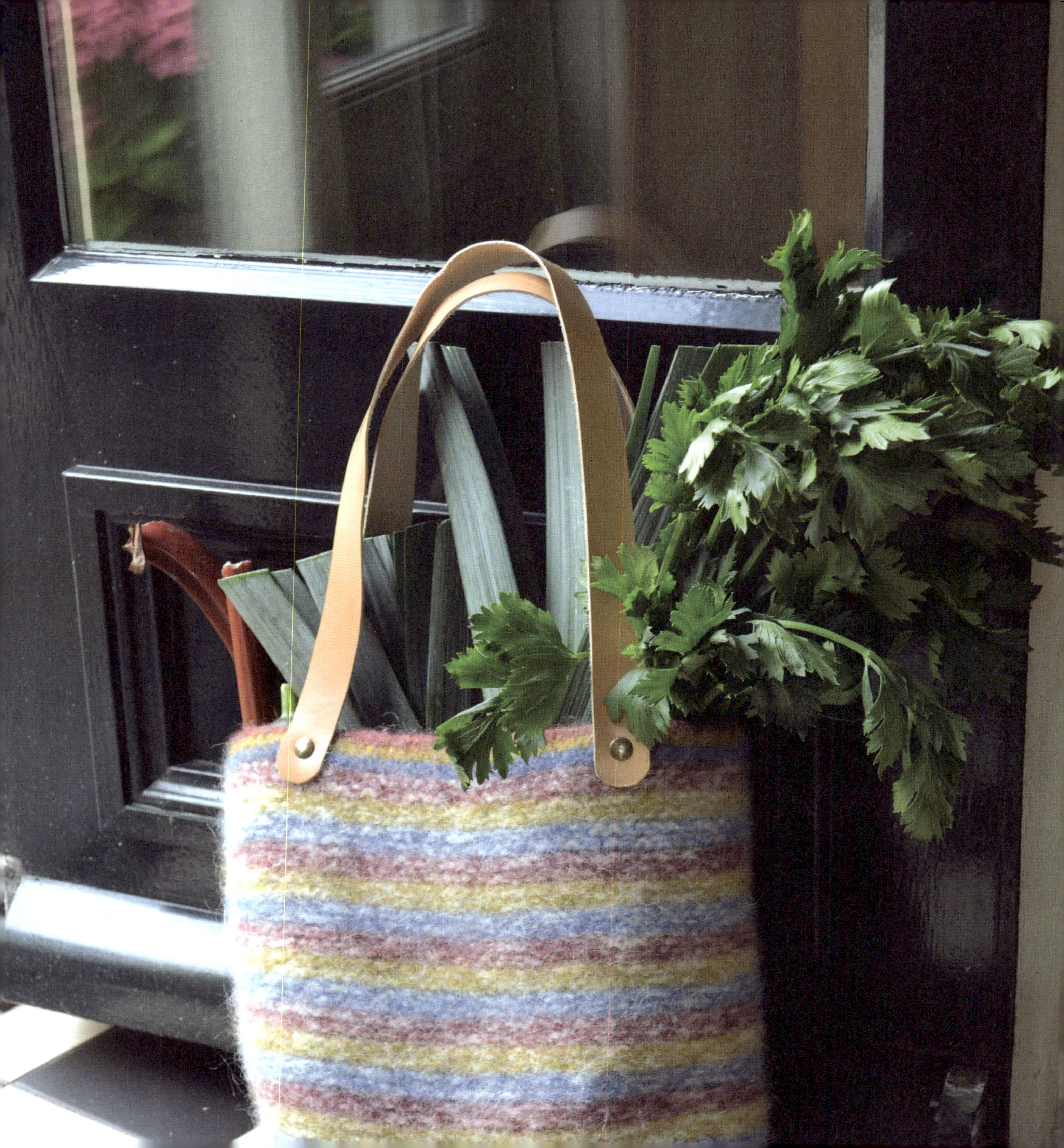

Marja de Haan
Hilly van der Sluis

Holland stricken

Schafe, Wolle und originelle Strickmuster

Verlag Freies Geistesleben

Inhalt

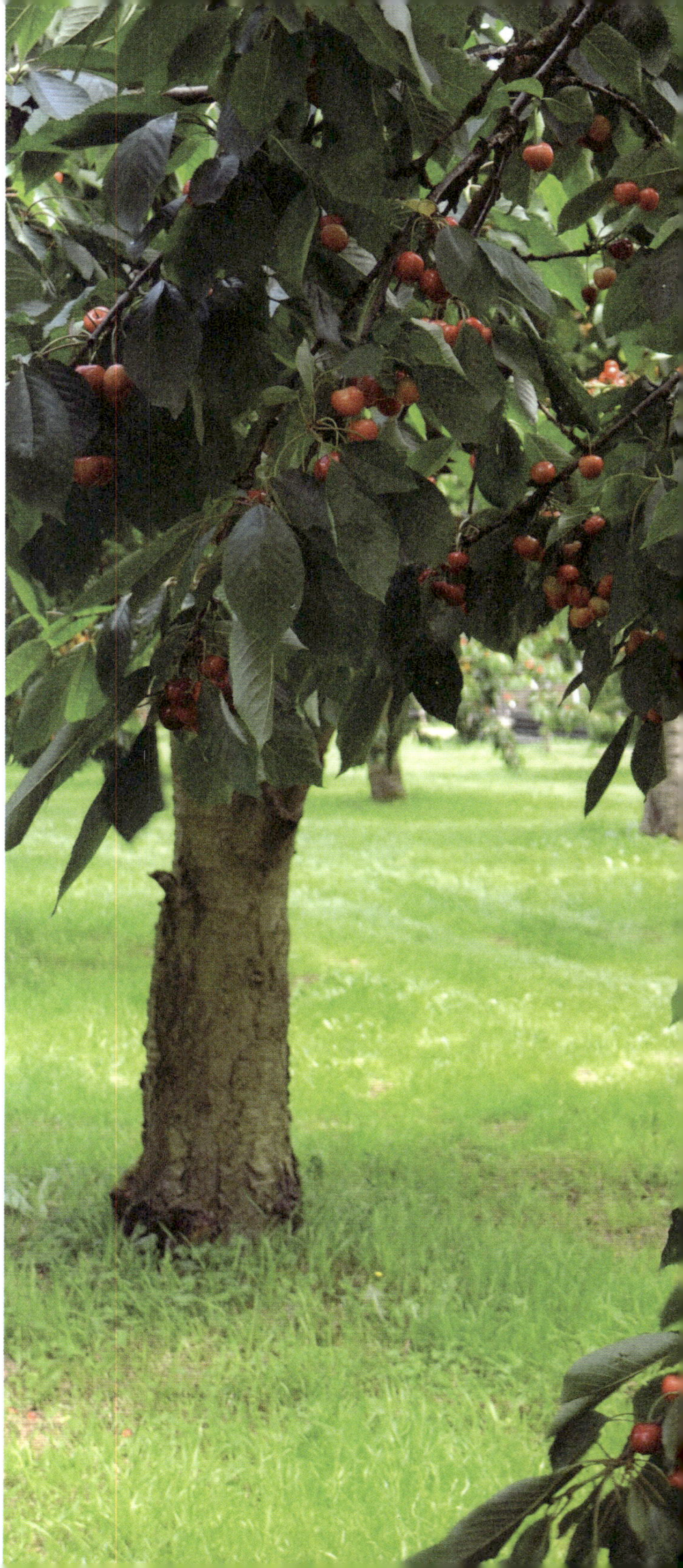

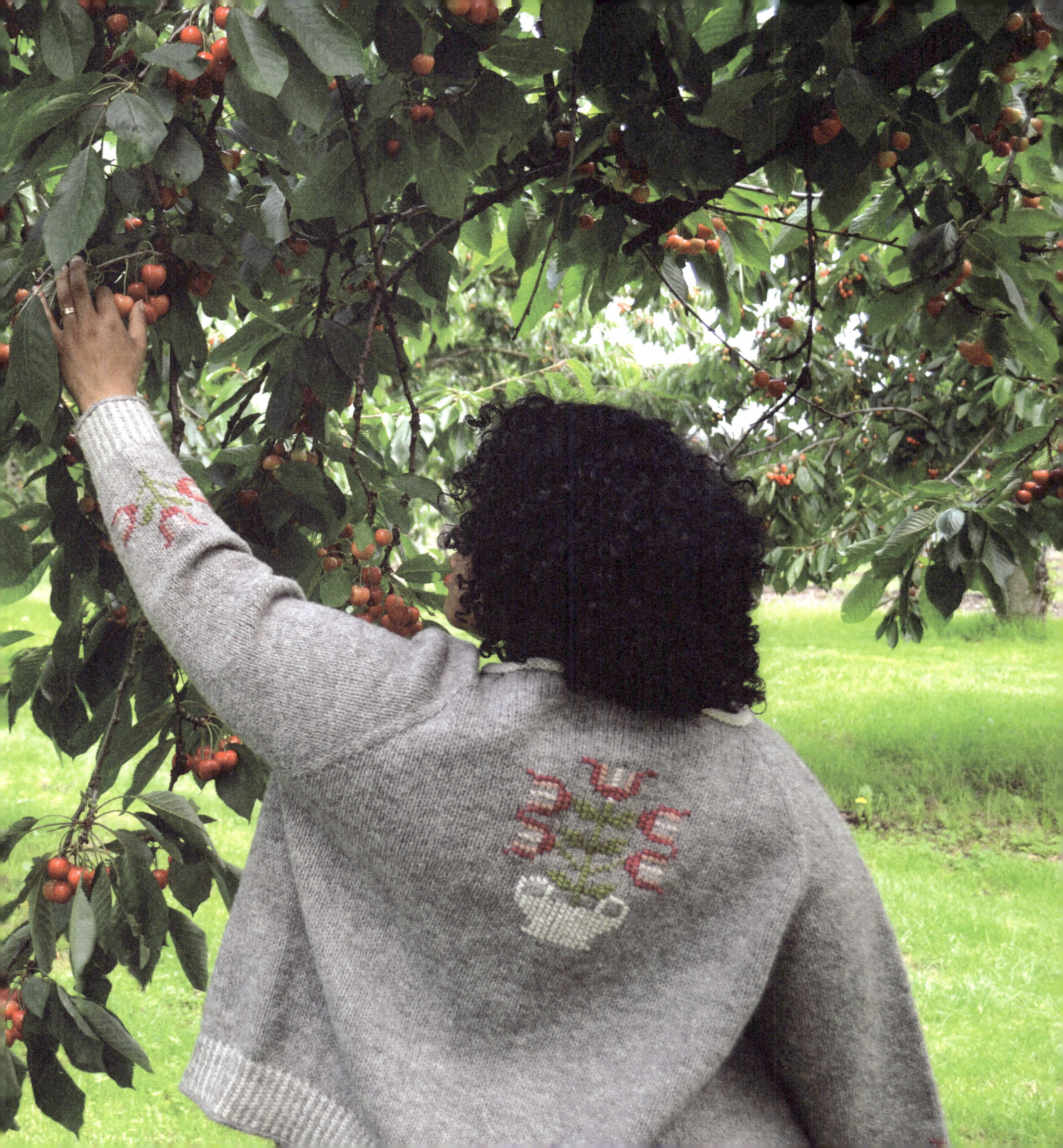

Vorwort

Nach unseren Reisen nach Öland und Shetland war es höchste Zeit, die Schafe in unserem eigenen kleinen Land genauer unter die Lupe zu nehmen. Wo kann man holländische Wolle kaufen - wenn überhaupt -, und woran kann man sie erkennen? Stammt die Wolle dann auch tatsächlich von holländischen Schafen? Alles Fragen, die nicht so einfach zu beantworten sind, wie es scheint. Wenn man der Sache nachgeht, stellt man bald fest, dass die Wolle der meisten Schafe, die in den Niederlanden zu finden ist, von der Bildfläche verschwindet und nie wieder in einem Strick- oder Kleidungsstück auftaucht. Wenn man sich auf Wolle spezialisiert hat, lässt einen diese Frage nicht mehr los, und man beginnt automatisch damit, Nachforschungen anzustellen. Und so entstand Holland stricken.

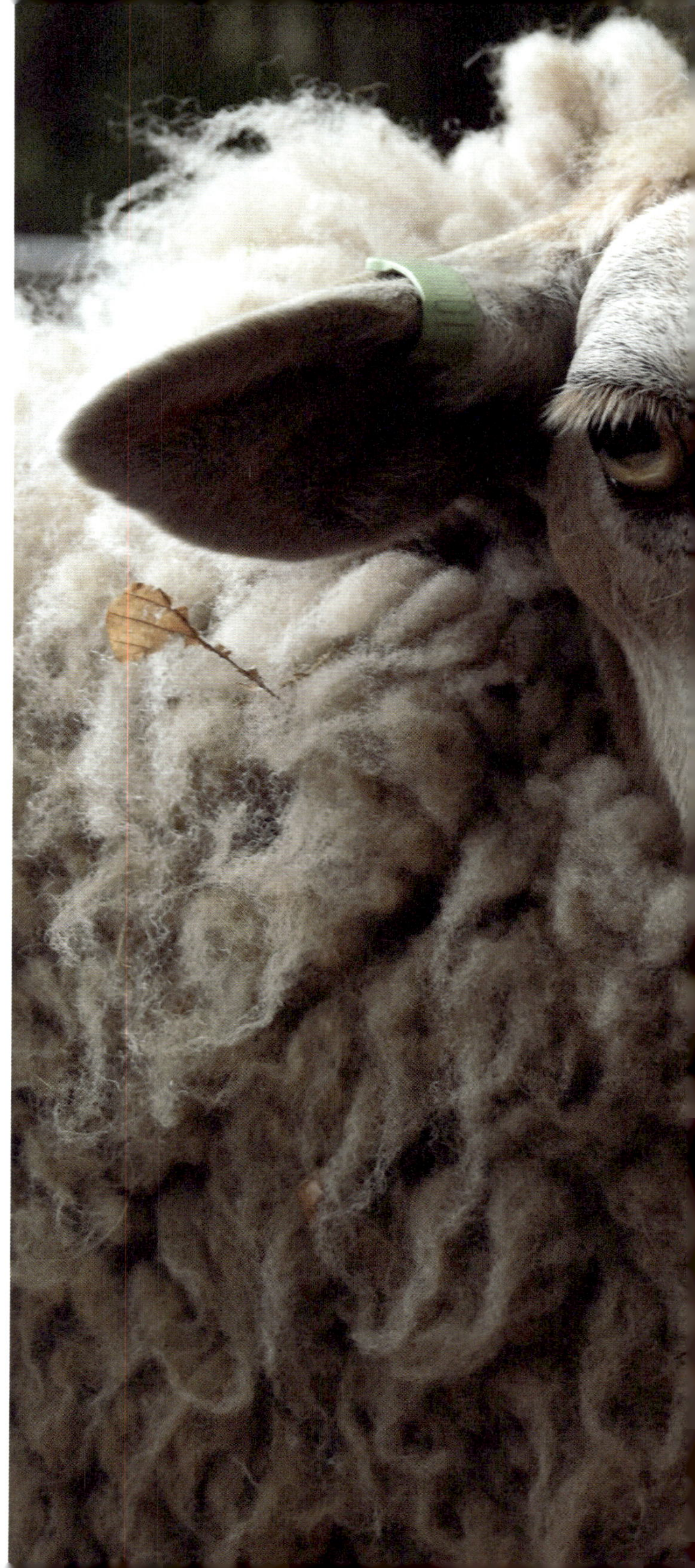

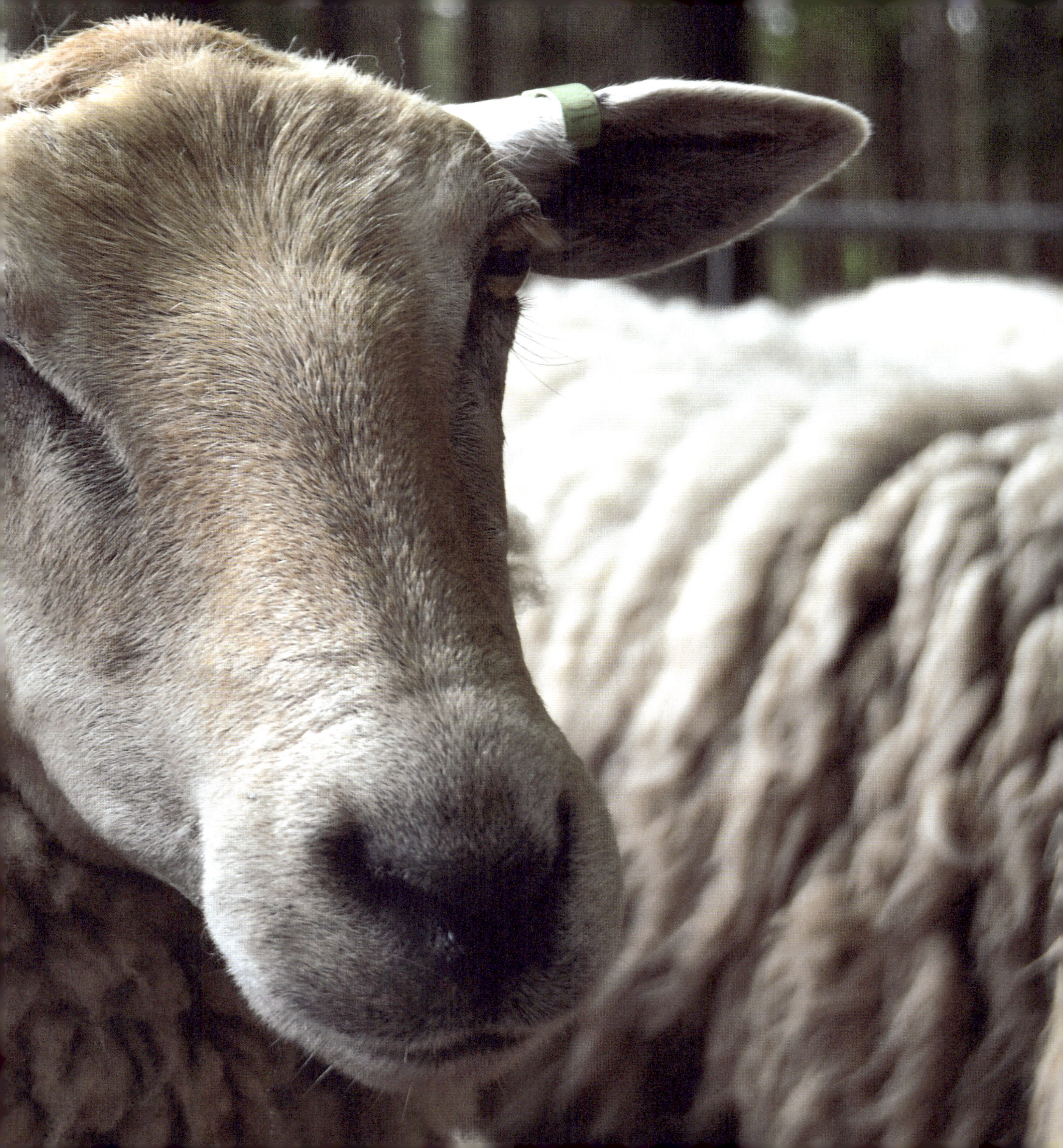

Stricken

Alle Modelle in diesem Buch wurden mit Schaapjeswol gestrickt. Das bedeutet, dass die Rückverfolgbarkeit der Wolle vom Bauern oder Schäfer bis hin zum Käufer des Garns vollständig gewährleistet ist. Somit lässt sich mit Sicherheit sagen, dass die Wolle auch wirklich aus den Niederlanden stammt. Glücklicherweise entstehen mehr und mehr Initiativen dieser Art und wird es daher immer einfacher, niederländische Strickwolle zu bekommen.

Schaapjeswol stammt entweder von den Schafen auf dem Schafbauernhof *De Schapenstreek* in Lutjebroek oder der Herde auf dem Utrechtse Heuvelrug. Nach dem Sortieren wird die Wolle zur Spinnerei *The Natural Fibre Company* in Cornwall, Großbritannien, gebracht, deren Fachgebiet das Spinnen der Wolle ursprünglicher und seltener britischer Schafrassen ist. Die Wolle wird nach strengsten Umweltvorgaben gereinigt und gefärbt. Da die Abwässer der Spinnerei sorgfältig kontrolliert werden, darf es in der zu verarbeitenden Wolle keinerlei Arzneimittel- oder Chemikalienrückstände geben. Dies wird streng überwacht und bereits im Vorfeld in einer Vereinbarung festgehalten. Das gewährleistet zugleich, dass die Wolle schadstofffrei und somit sowohl für die Umwelt als auch für den Nutzer völlig unbedenklich ist. Auch die deutsche Spinnerei, mit der wir manchmal zusammenarbeiten, produziert im kleinen Rahmen und auf umweltfreundliche Weise.

Alle Stricksachen in diesem Buch sind mit 100-prozentiger holländischer Wolle und einer Garnlänge von 200 Meter / 100 Gramm hergestellt. Abhängig davon, ob Sie normalerweise etwas lockerer oder etwas fester stricken, empfehle ich Ihnen bei dieser Garndicke die Nadelstärke 4 oder 5 mm. Bei einigen Mustern wird jedoch absichtlich eine dickere oder dünnere Nadel benutzt, um eine gewisse Wirkung zu erzielen. Fertigen Sie deshalb zuerst immer eine Maschenprobe an und prüfen Sie, ob das Maschenverhältnis auf der Maschenprobe mit dem Maschenverhältnis im Strickmuster übereinstimmt. Nur dann wird das Strickstück auch wirklich die gleiche Größe haben.

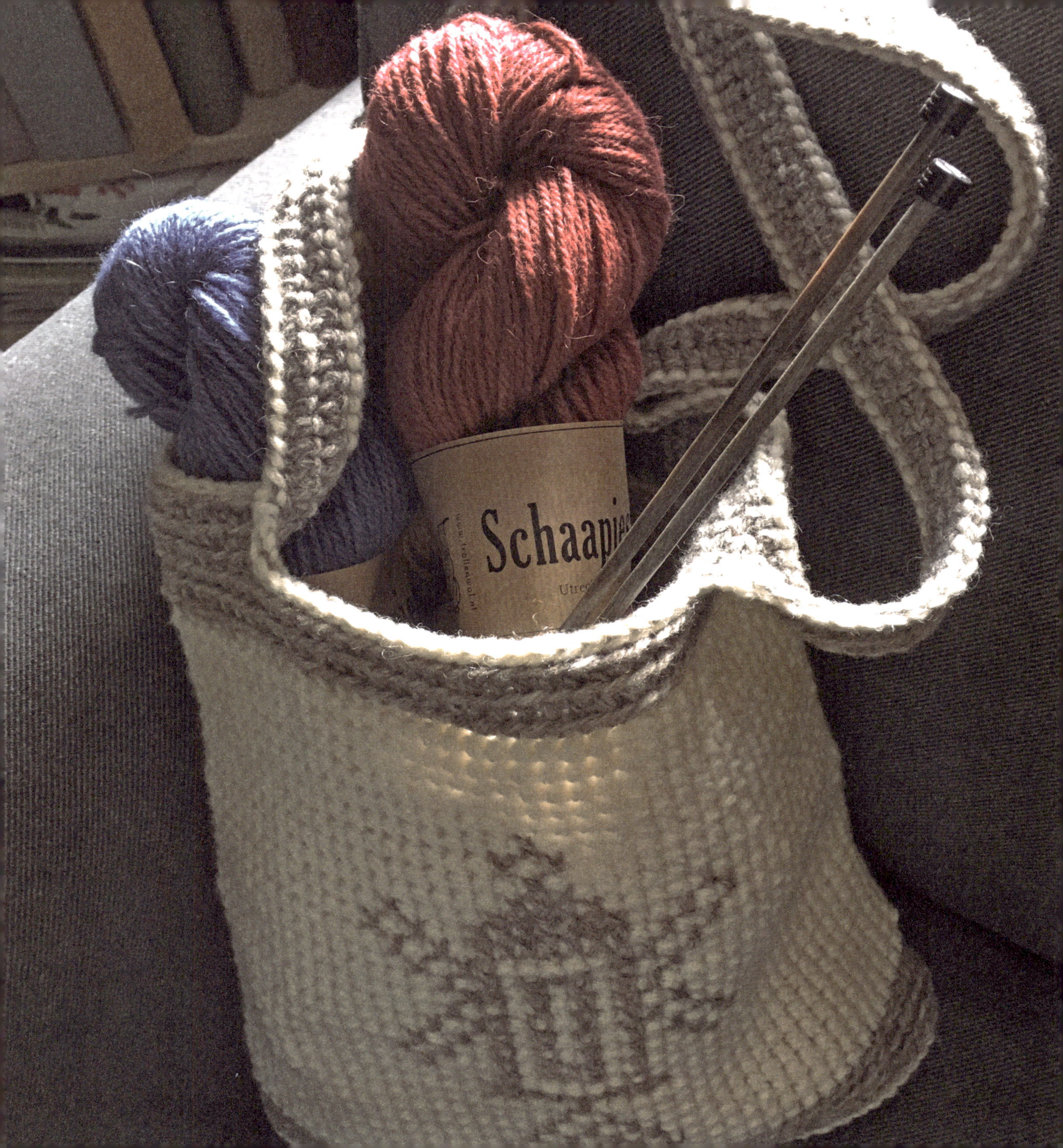

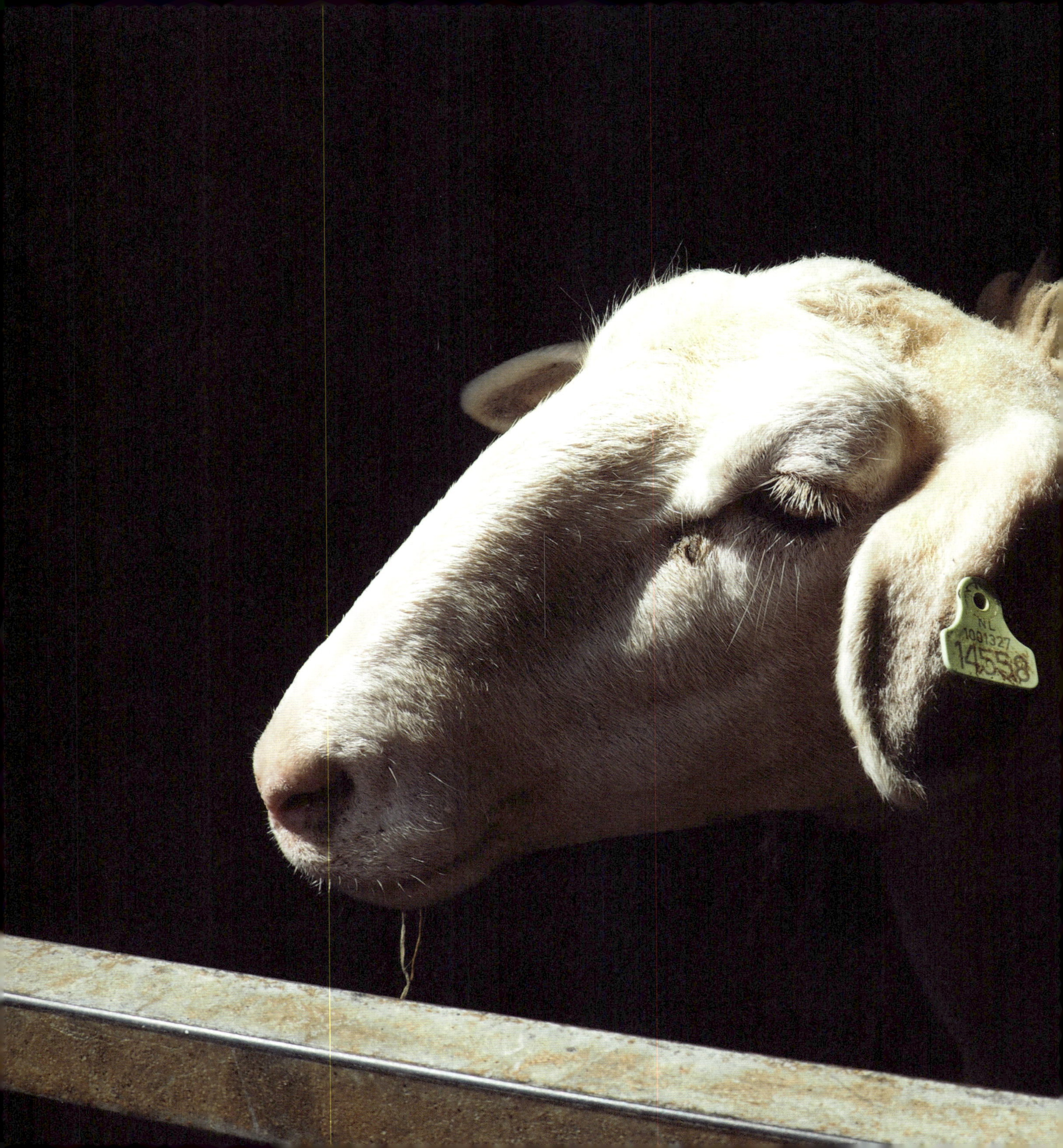
NL
1001327
14558

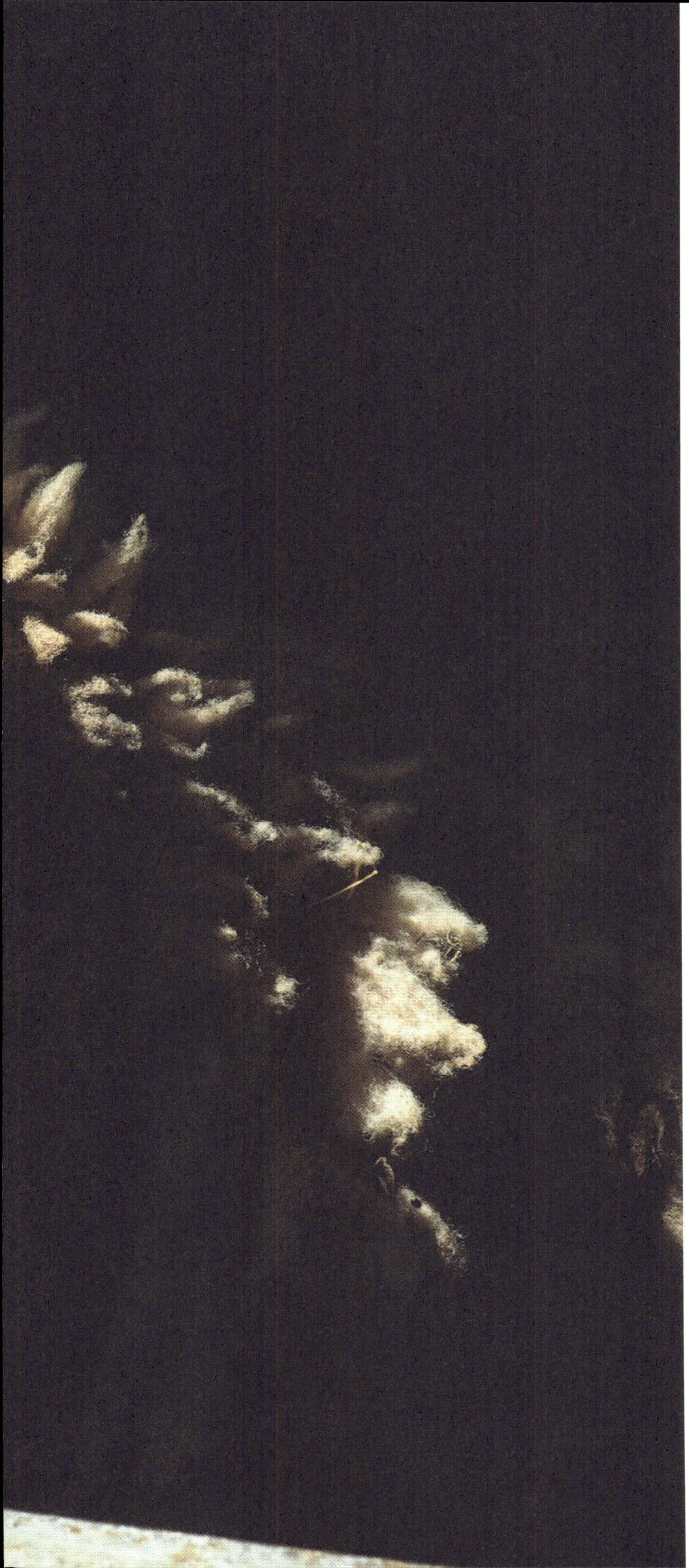

Schafe

Schon seit frühester Kindheit sind die Schafe ein Teil unseres Lebens. Den meisten von uns begegnen sie zum ersten Mal in den Kinderliedern. «Schlaf, Kindlein, schlaf!», «Wer hat die schönsten Schäfchen?», «Määh, määh, schwarzes Schaf» sind ein paar, die mir einfallen. Dann sehen wir Schafe auf der Wiese oder im Streichelzoo. Wenn wir Lämmer sehen, denken wir unweigerlich an Babys und den Frühling. Bei Wolle denken wir alle an einen warmen Mantel oder eine Decke. Wenn wir erwachsen werden, verschwinden die Schafe für gewöhnlich aus unserem Leben. Und damit verschwindet auch unser Bewusstsein für all die wunderbaren Dinge, die Schafe uns zu bieten haben. Schafe geben Milch, leisten einen maßgeblichen Beitrag zum Naturschutz, liefern uns jahrein, jahraus Fleisch, Horn und Wolle und sind dabei erstaunlich anspruchslos. Das macht sie mit Abstand zu einem der produktivsten Tiere überhaupt.

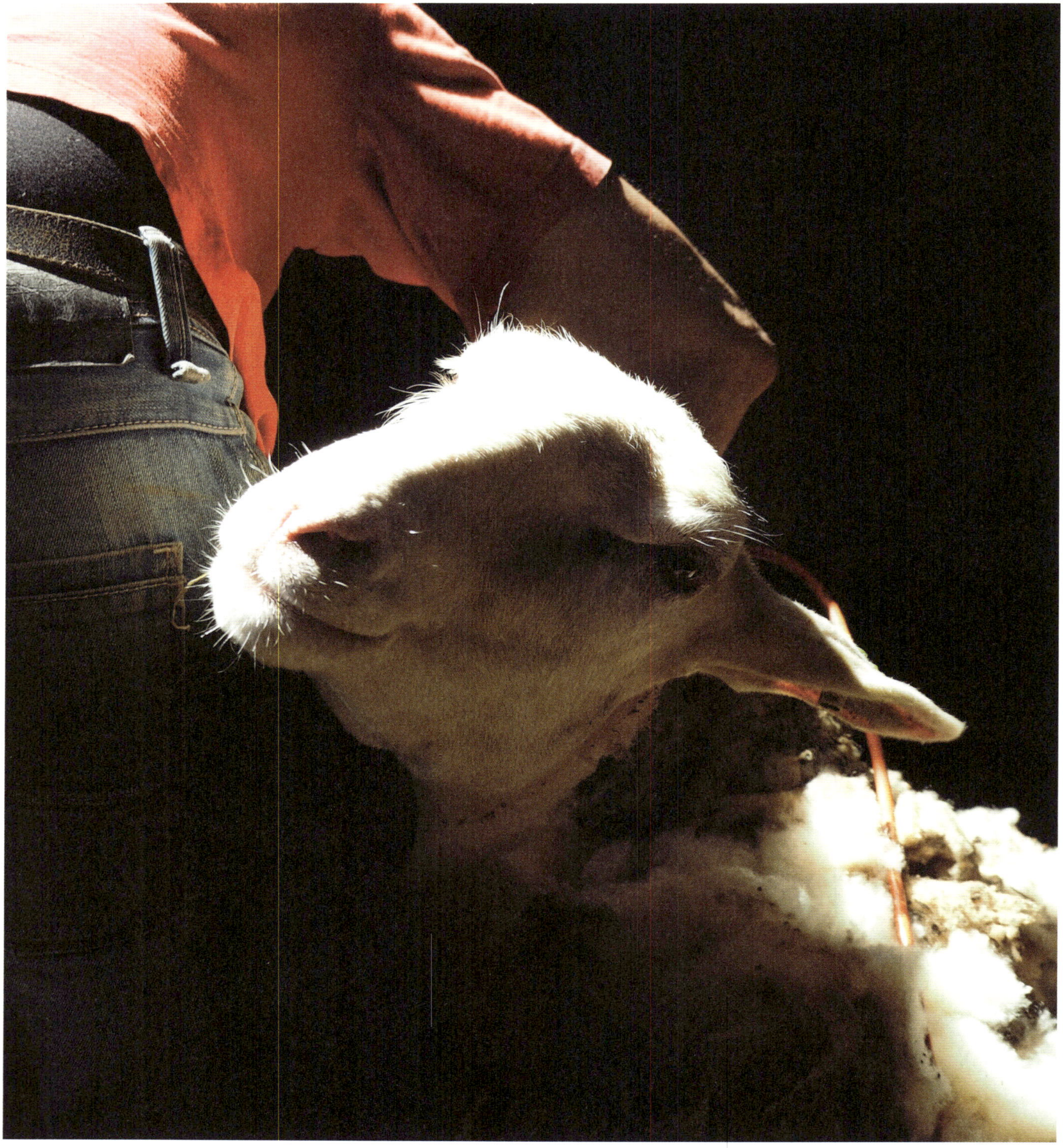

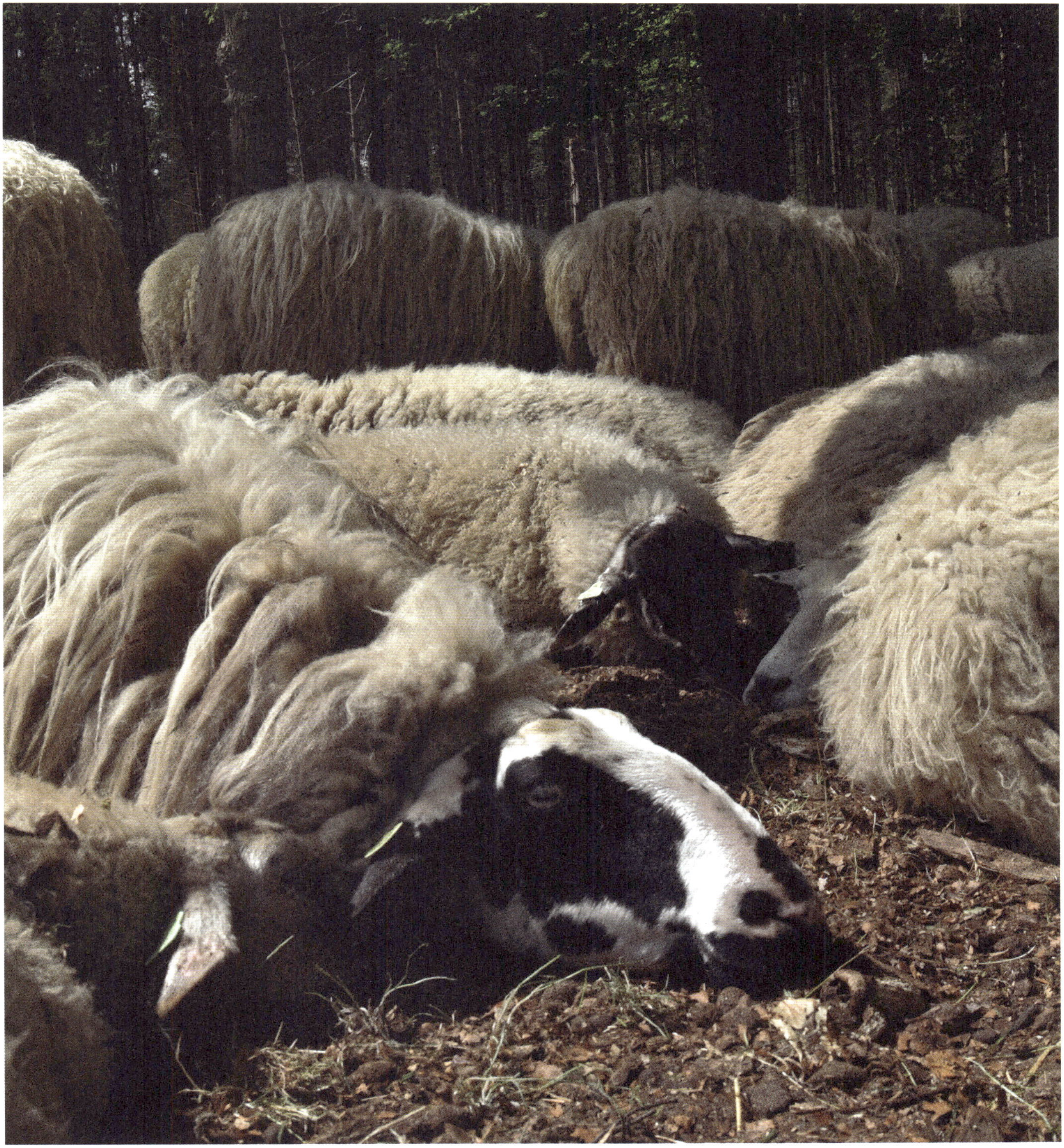

Holländische Schafe

In den Niederlanden laufen noch eine ganze Menge Schafe auf Weiden, Heiden und in den verschiedenen Naturschutzgebieten herum. Die Schafe auf den Bauernhöfen werden dort hauptsächlich wegen ihrer Milch gehalten. Schafsmilch wird von Menschen mit einer Kuhmilchallergie meist gut vertragen.
Zudem werden aus der Milch Käse, Joghurt oder Quark hergestellt und manchmal sogar auch Eiscreme. Schafe sind auch Fleischlieferanten.
Manchmal werden sie wegen ihrer Wolle gehalten, dann meistens aber von Hobbybauern. Die Schafe, welche die Naturgebiete abgrasen, leben in einer Herde, die von einem Hirten von Gebiet zu Gebiet getrieben wird.
Die Schafhirten haben Vereinbarungen mit den Naturschutzbehörden wie der staatlichen Forstverwaltung, Naturdenkmalpflege, lokalen Artenschutzprojekten oder privaten Ländereien getroffen.
Dort, wo Bauern nach eigenem Gutdünken aus wirtschaftlichen Gründen eine Anzahl Schafe halten, sind die Hirten hinsichtlich der Vergabe der Beweidung von den Naturschutzbehörden abhängig. Die Vergabe findet alljährlich statt und ist daher immer ein unsicherer Faktor für das Fortbestehen der Herde. Zudem schaffen die Organisationen selbst meist nicht die nötigen Rahmenbedingungen für eine Beweidung. Die staatliche Forstverwaltung, die Naturdenkmalpflege und die privaten Ländereien nutzen die Herden für die Beweidung ihrer Naturgebiete. Leider führt dies zu einem Konkurrenzkampf. Dass Schafe eine wichtige und unersetzliche Rolle beim Naturschutz spielen, mag nicht jedem klar sein. Wir sehen, wie Schafe in der Landschaft grasen, aber denken nicht gleich daran, dass sie Samen in ihrem Fell mit sich tragen und diese zugunsten der Biodiversität weiterverbreiten. Wir sehen auch nicht, welche Pflanzen selektiv aus dem Gebiet abgeweidet werden oder welche Auswirkungen ihre Hufe auf den Boden haben. Letzteres hat sogar einen Einfluss auf die Emission und Speicherung von CO_2 im Boden.

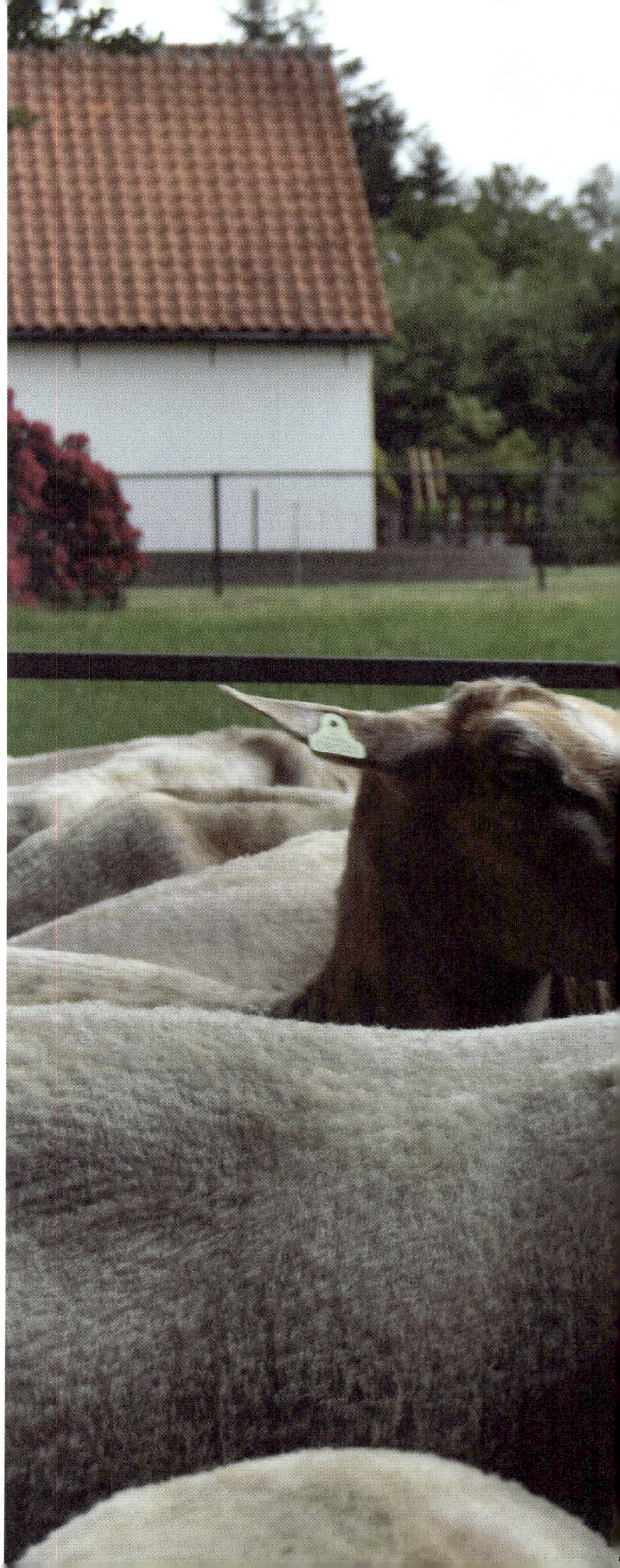

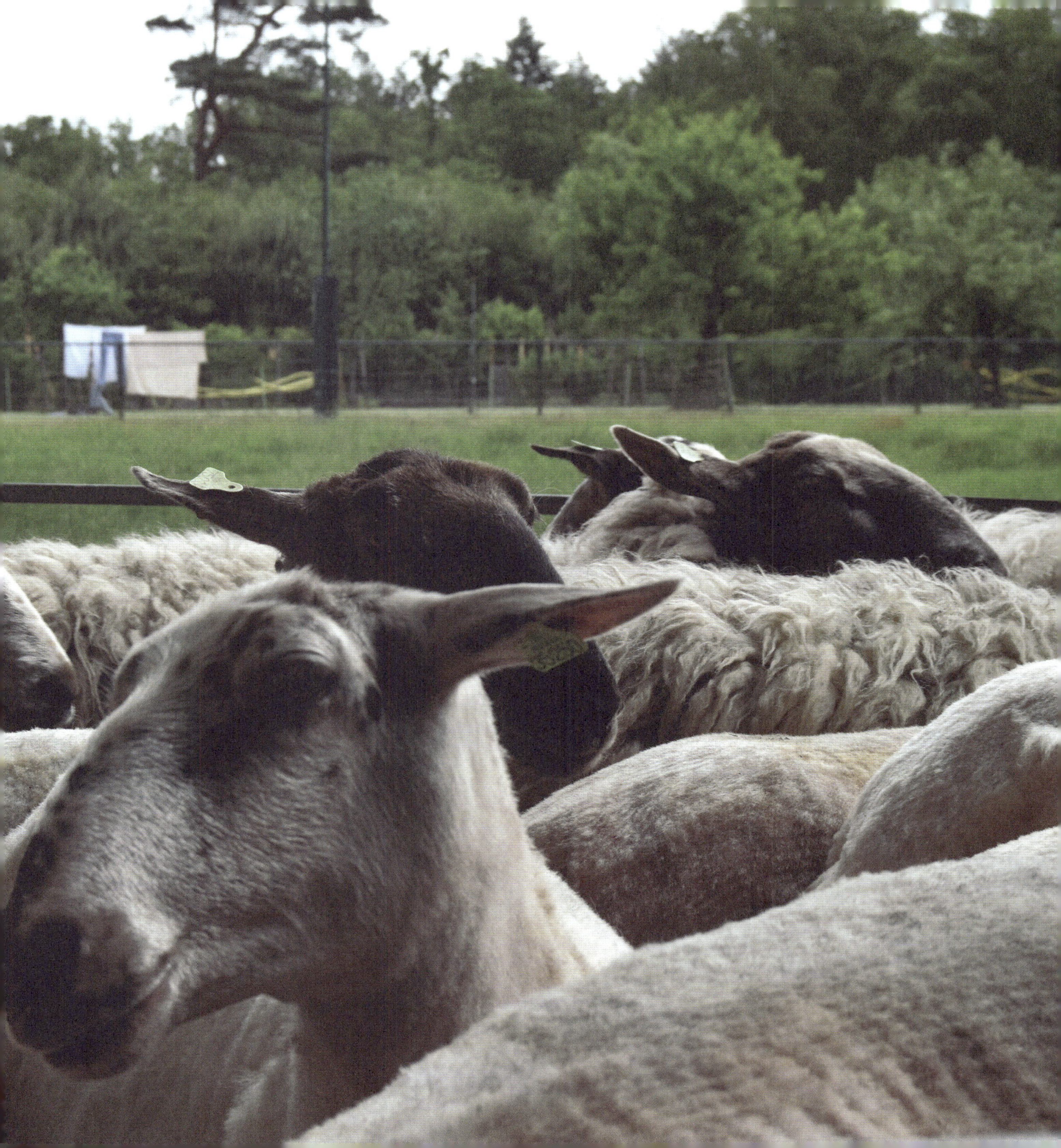

Lutjebroek

Mehr oder weniger zufällig kamen wir in Kontakt mit *De Schapenstreek*. Ein Bauernhof in Nordholland, wo die Schafmilch in köstliche Käseprodukte und unzählige leckere Eissorten verwandelt wird. Wer diese gekostet hat, ist begeistert. Leider gibt es nur wenige Menschen, denen tatsächlich bewusst ist, dass auf diesen fantastischen Milchlieferanten jedes Jahr ein enormer Ballen Wolle wächst. Diese Wolle muss jedes Jahr runter, und ein Schafscherer kostet Geld. Da die Wolle selbst kaum etwas abwirft, ist der Schafscherer ein zu großer Kostenfaktor. Das bedeutet, dass die Arbeit am Bauern hängenbleibt - und das ist Schwerstarbeit. Wenn wir das Schaf ganzheitlich betrachten, dann wollen wir alle liebend gerne seine Milch und die Köstlichkeiten, die daraus gemacht werden, aber der Rest des Schafes interessiert uns nicht, weshalb der Bauer dann auch nichts dafür bekommt. Seine Regale biegen sich unter der Wolle. Aber was ist der Grund dafür, dass wir die Wolle des Schafbauernhofs nicht nutzen? Nun, dafür gibt es gleich mehrere. Erstens ist die Wolle des Milchschafs nicht gerade weich. Sie fühlt sich ein bisschen derb an und juckt. Ein weiterer Grund ist, dass sich billig produzierte Wolle aus anderen Teilen der Welt leichter verkaufen lässt. Sie ist kostengünstig und oft mit Acryl vermischt, wodurch die Produktionskosten noch weiter gesenkt werden.

Der Preis, den die Tiere, die Arbeiter und die Umwelt für diese Produktionsart bezahlen, spiegelt sich leider nicht im Ladenpreis des Wollknäuels wider. Dass wir dafür aber später die Rechnung serviert bekommen, zum Beispiel in Form des Klimawandels, der Ausbeutung und Tierleid, deren Folgen nicht ausbleiben können, ist etwas, was sich dem Konsumentenbewusstsein entzieht. Aber wenn man einmal genauer darüber nachdenkt, dann lassen einen diese Gedanken nicht wieder los. Dann sieht man all die Schafe in dieser prächtigen, urholländischen Landschaft, deren Wolle vergeudet und verschleudert wird. Wasser, Pappelweiden und Weideland, so weit das Auge reicht. Bei diesem Anblick kommt man ganz von selbst auf Ideen und Lösungen. Es beginnt mit dem Kauf der Wolle und der fairen Bezahlung der Bauern. Anschließend muss die Wolle zu einer Spinnerei. Wenn die Wolle in schönen Strängen zurückkommt, versuchen wir, sie für Strick- oder Häkelmuster zu verwenden. Erst dann wird sich zeigen, was wir für die Wolle und die Wolle für uns bedeuten kann. Vielleicht können wir danach, durch unsere Erfahrung gestärkt, den Grundstein für die Verwendung und Wertschätzung echter holländischer Wolle legen.

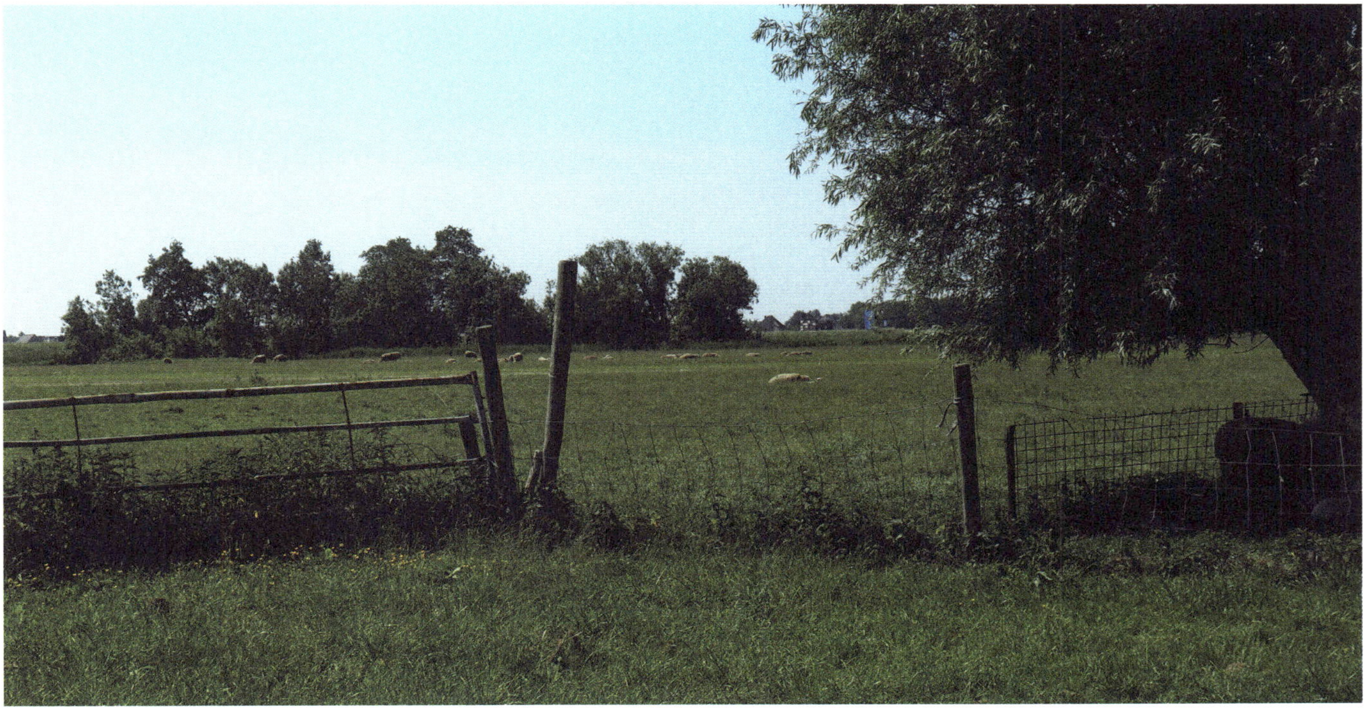

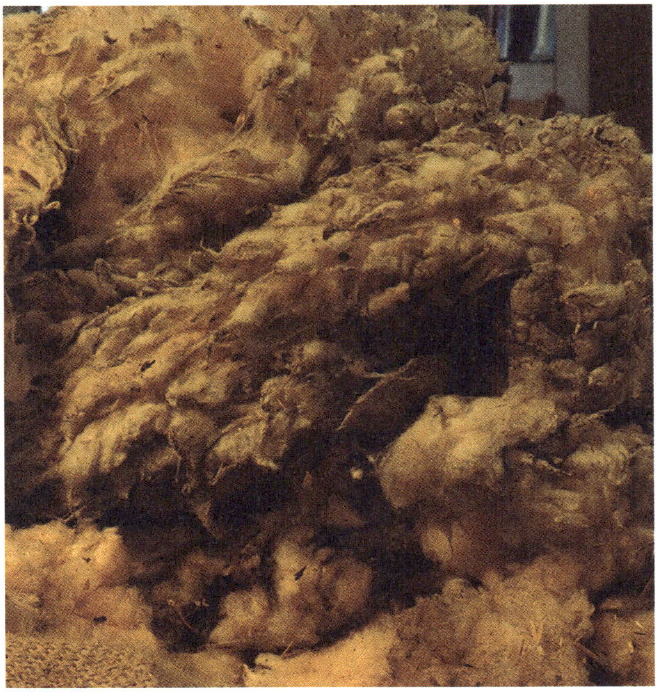

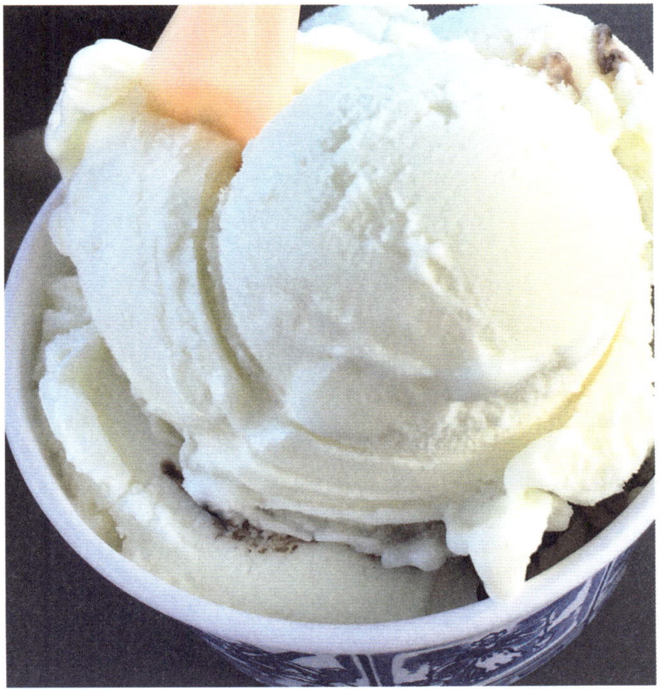

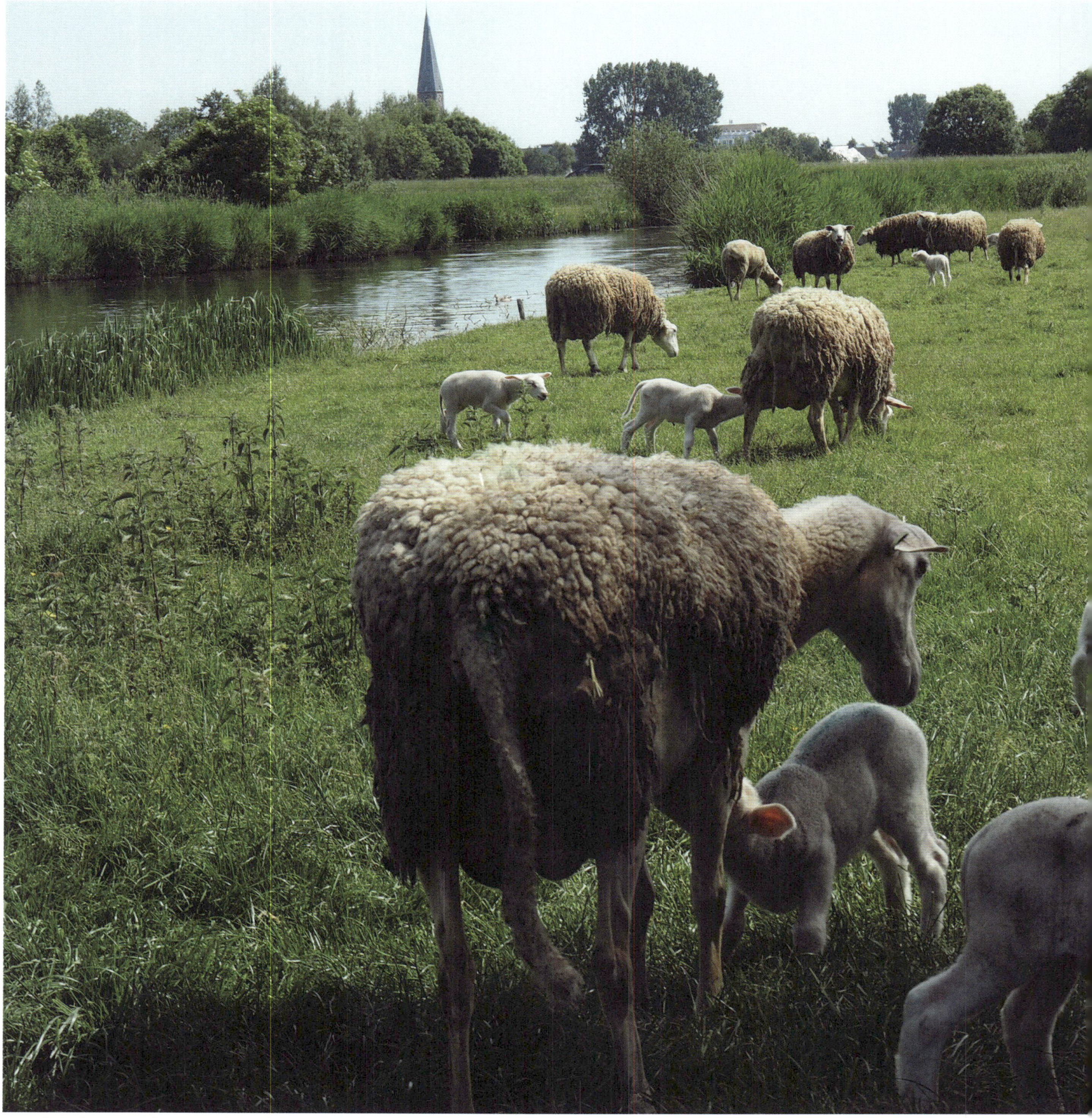

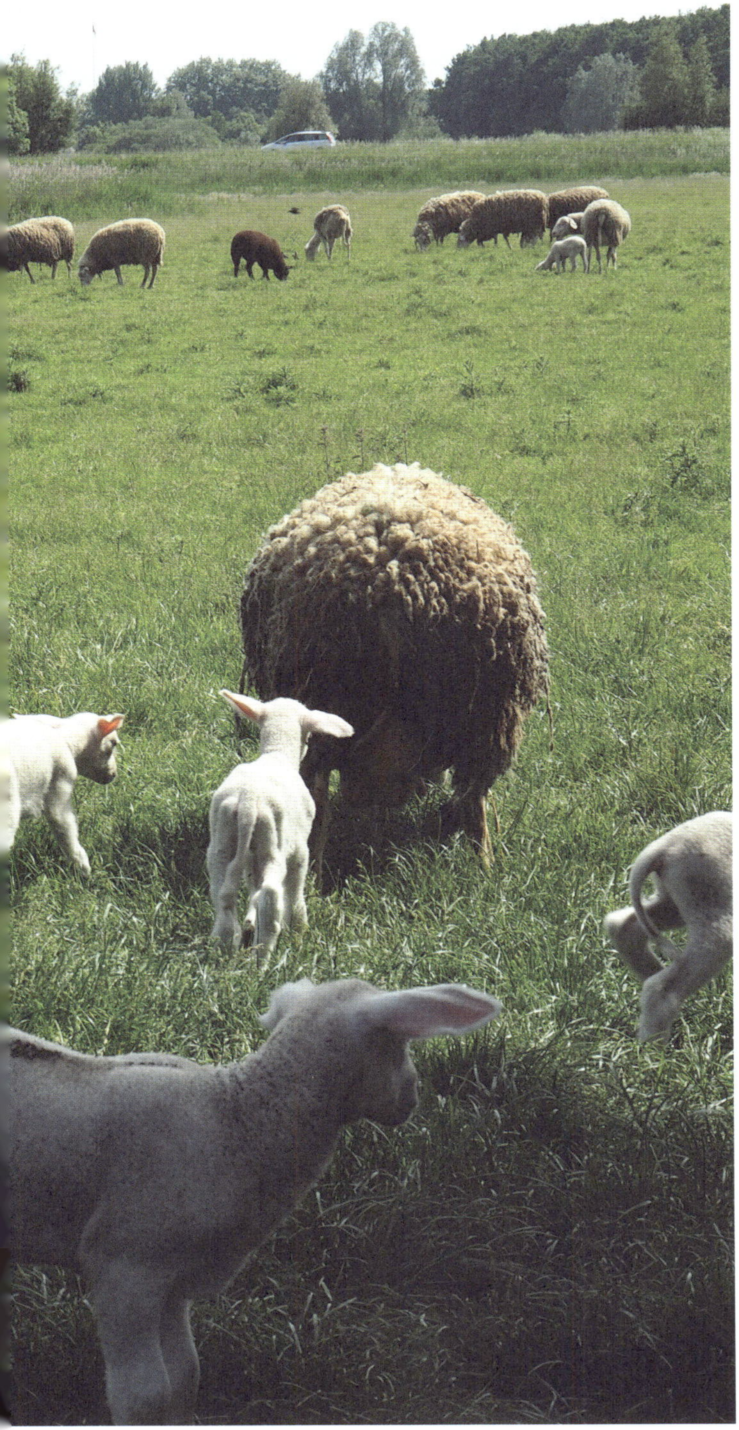

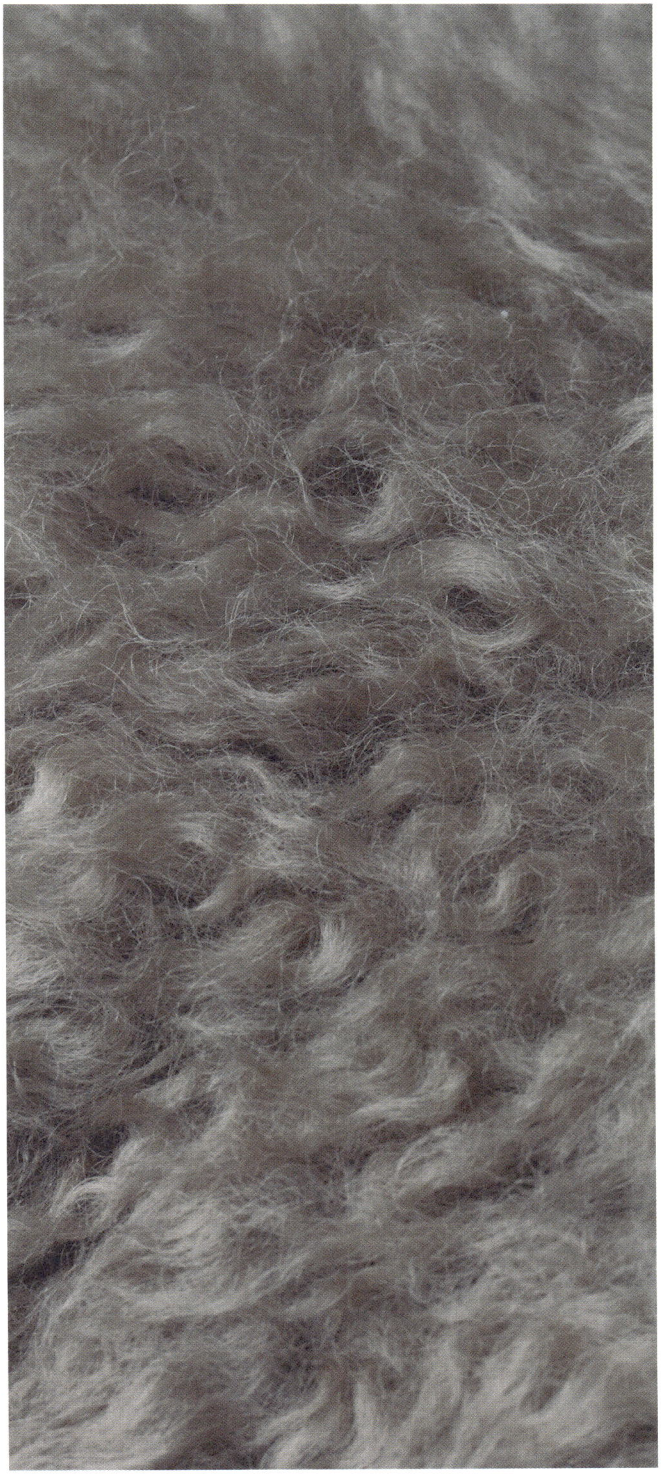

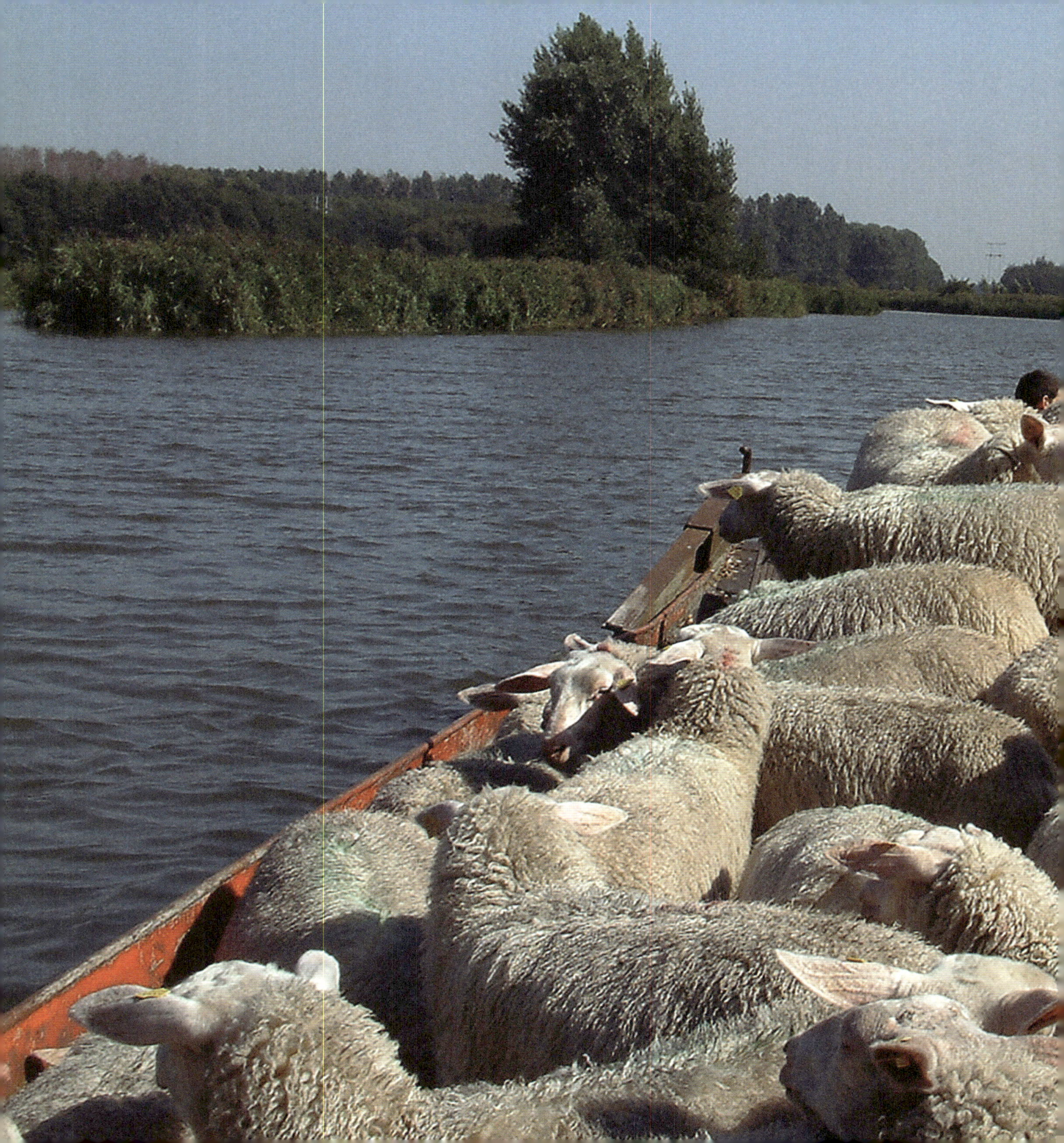

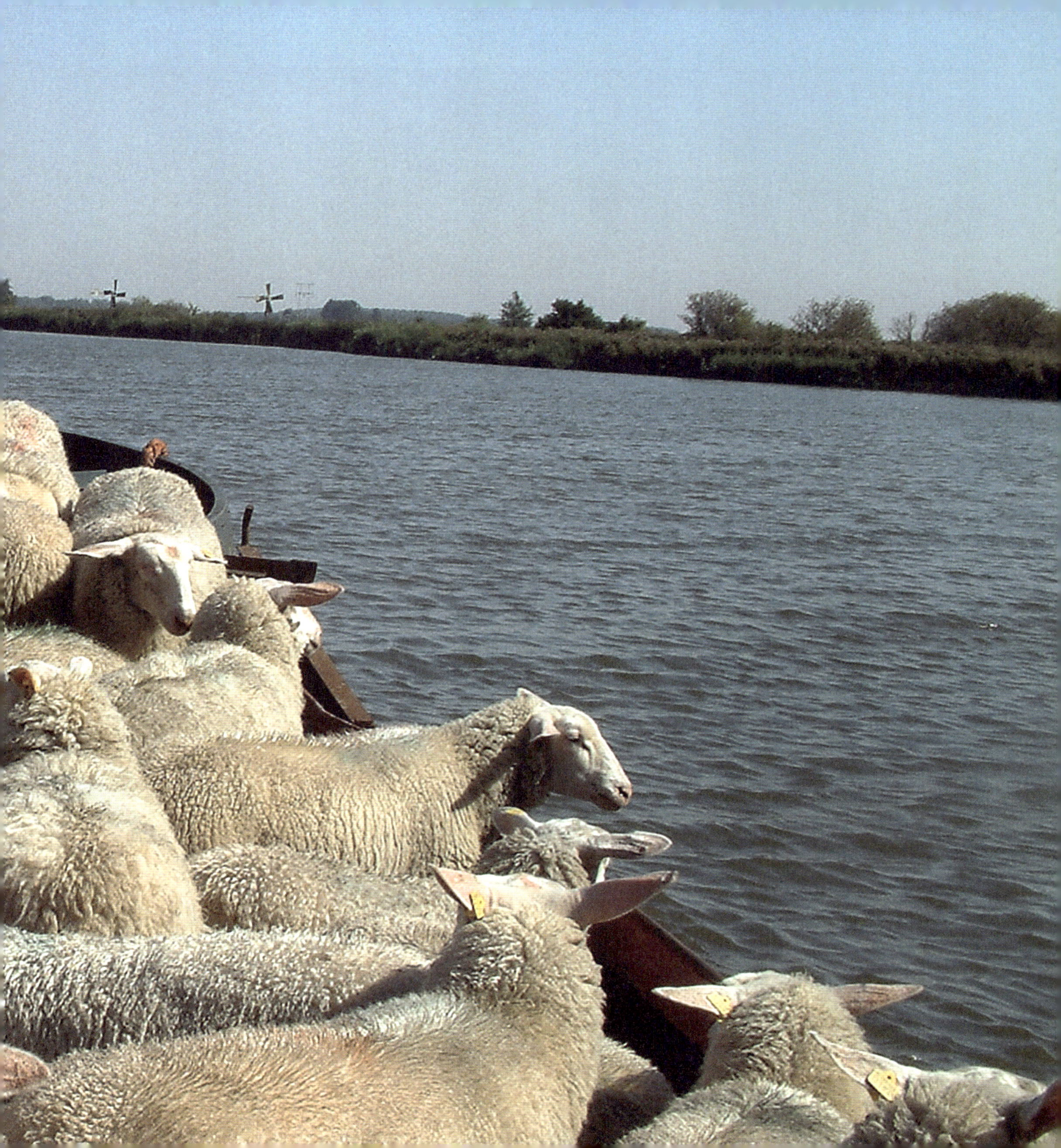

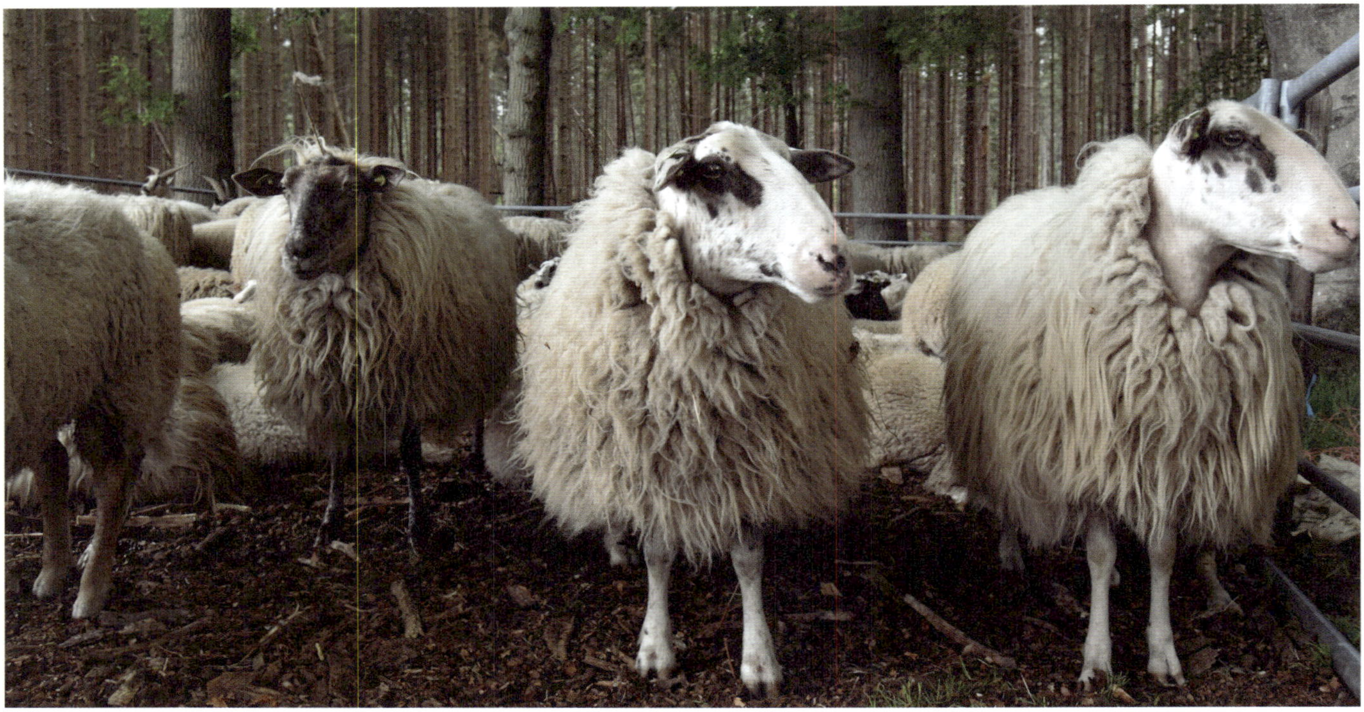

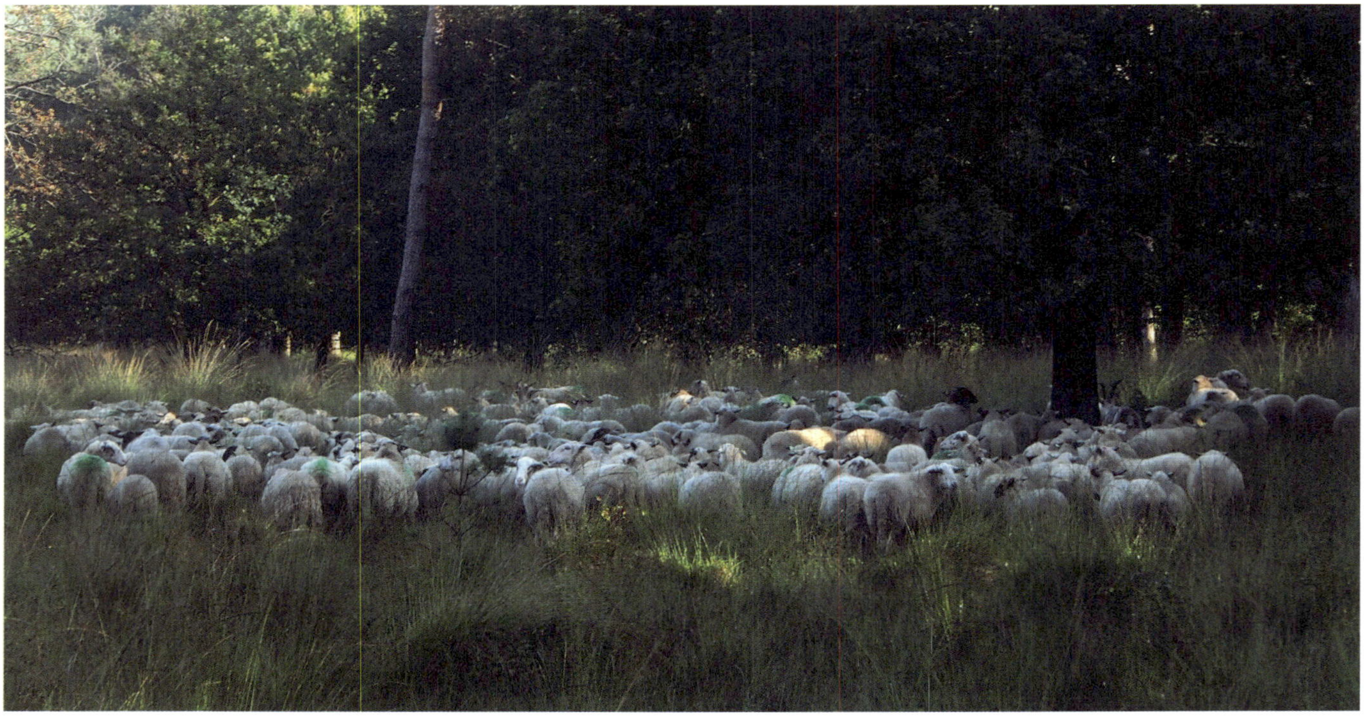

Utrechtse Heuvelrug

Als ich eines schönen Tages nach der Arbeit im Wollgeschäft entlang des Feldes nach Hause ging, bemerkte ich dort eine Herde bezaubernd schöner, grasender Schafe. Neugierig ging ich hinüber zum Schafzaun, auf dem ein Schild angebracht war. Auf diesem Schild stand eine Telefonnummer. Diese Nummer kann man im Falle einer Notsituation anrufen, ich aber habe das aus purer Neugier getan. Ich sah Schafe und Wolle, und das nur einen Steinwurf von meinem Haus entfernt. Vielleicht könnten wir ja etwas damit anfangen, schoss es mir durch den Kopf. Dieses Telefonat mit dem Schäfer führte wieder zu neuen und anderen Erkenntnissen über die Schafhaltung. Im Gegensatz zu den Schafen auf dem Bauernhof, grasen diese Schafe jedes Mal einen anderen Teil der Landschaft ab. Dabei erhalten sie die Natur, verbreiten Samen, wobei sie die Pflanzenvielfalt erhöhen und den Boden in den Gebieten, in denen sie zeitweise grasen, verbessern. Ohne diese Herden würde unsere Landschaft ganz anders aussehen. Die Natur würde verarmen und nicht wenige Landschaftsformen würden verloren gehen. Diese Wollknäuel auf vier Beinen leisten einen sehr wichtigen Beitrag zum Naturschutz, und das alles dank der bedingungslosen Hingabe des Schäfers, der bereit ist, seiner Herde das ganze Jahr über rund um die Uhr sowie bei Wind und Wetter zur Seite zu stehen. Hirten lassen sich auch nicht von Beamten aus dem Feld schlagen, die bequem von ihrem Schreibtisch aus Vorschriften ausarbeiten oder Kürzungen anordnen. Alle Achtung vor den Schäfern, die es uns ermöglichen, den Anblick ihrer Herden zu genießen und unsere Landschaft für unsere Enkelkinder hegen und pflegen. Dass sie zudem oft versuchen, spezielle holländische Schafrassen in ihren Herden zu erhalten, ist ein zusätzliches Geschenk. Letzteres hat ferner mein Interesse geweckt. Ich sah mich vor eine riesengroße Herausforderung gestellt. Wäre es möglich, die Wolle dieser Schoonebeeker Herde zu einem Produkt zu verarbeiten, aus dem man wertvolle Dinge stricken kann? Zu diesem Zweck führte die Spurensuche in die Spinnerei in Cornwall, wo man sich bestens mit der Thematik auskennt und die Wolle verschiedenster ausgefallener Rassen aus Großbritannien verarbeitet. Es dauerte fast ein Jahr, bis wir die gesponnene Wolle, verpackt in großen weißen Säcken, wiedersahen. Aber das Warten hat sich gelohnt. Erneut hatten wir eine robuste Wolle von einer Schafrasse, von der niemand gedacht hätte, dass sie jemals ein brauchbares Garn hergeben würde. Wie wundervoll wäre es doch, wenn wir gelegentlich etwas aus all der Wolle herstellen oder tragen könnten, die auf unseren eigenen Naturverbesserern wächst. Schafe, die ein artgerechtes Leben in unserer Umwelt führen und mit deren Wolle zusätzliches Einkommen erwirtschaftet werden kann, um davon wiederum seltene Schafrassen für die Zukunft zu erhalten. Ein weiteres Mal wurden wir herausgefordert, mit echter holländischer Wolle zu arbeiten.

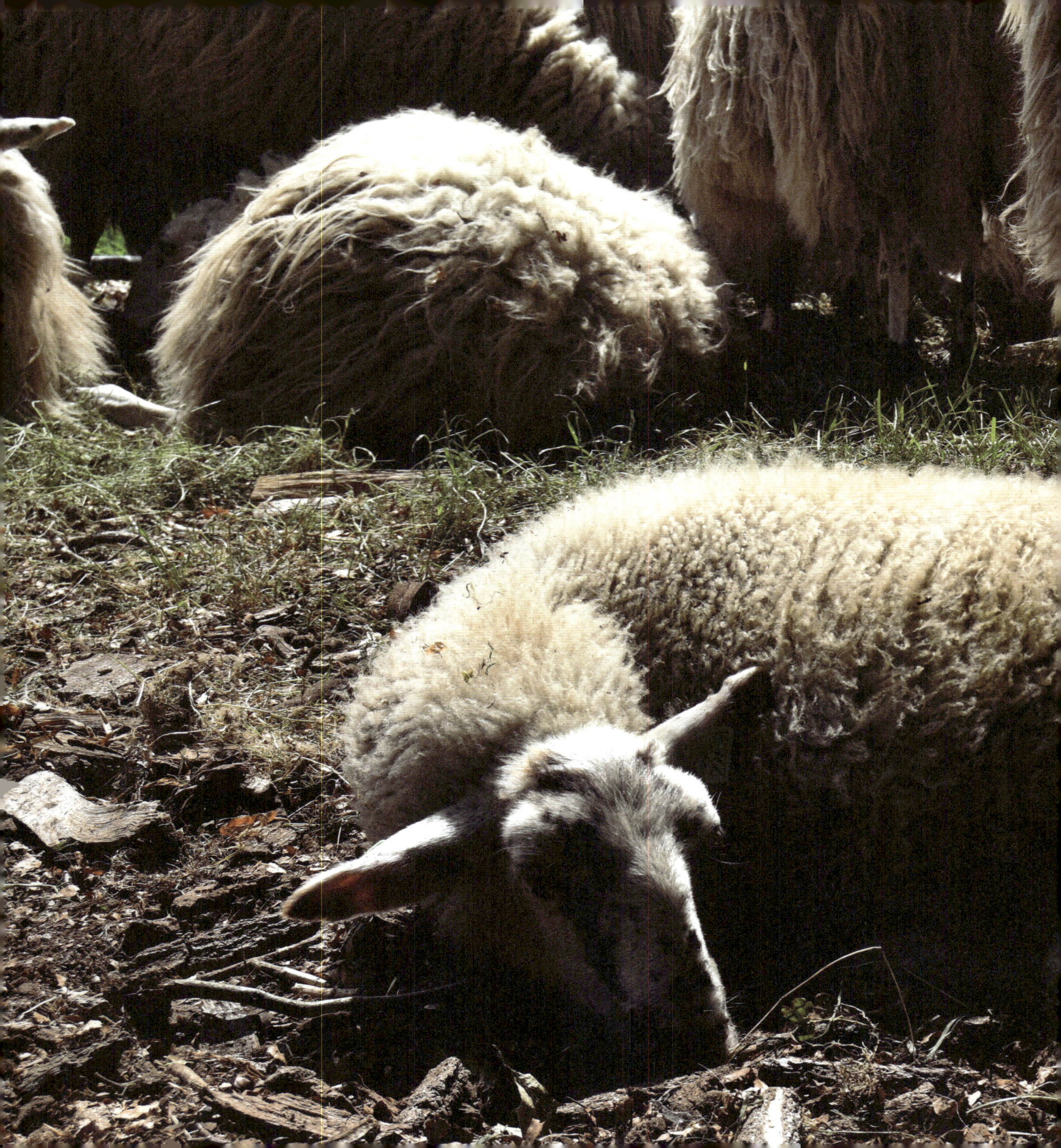

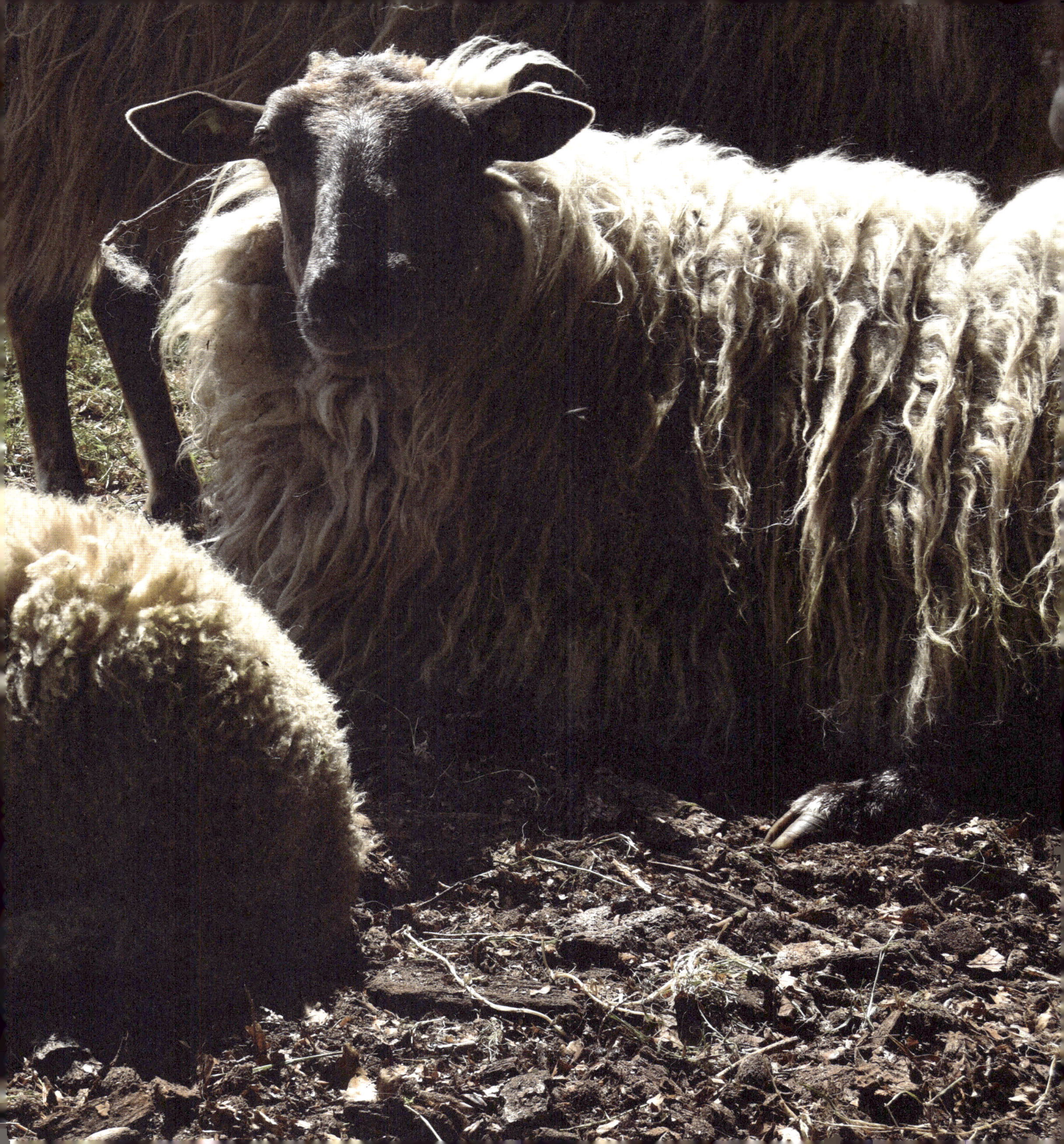

Natürliche Wolle

Ungeachtet der Tatsache, dass wir heute in der Lage sind, Kleidung aus Erdöl, Holzfasern, PET-Flaschen und pflanzlichen Fasern herzustellen, bleibt Wolle das umweltfreundlichste Material in der Bekleidungsindustrie, sofern bei der Produktion eine Reihe von Bedingungen erfüllt werden. Während Acryl und recycelte PET-Flaschen eigentlich nur aus Plastik hergestellt sind und schließlich in nicht abbaubaren Partikeln in der Umwelt landen, ist die Verarbeitung von Holzfasern (einschließlich Bambus) schlecht für die Umwelt. Der Anbau und die Verarbeitung von Baumwolle ist weltweit die umweltschädlichste Industrie und sorgt für eine massive Störung des Wasserhaushalts in Gebieten, die ohnehin schon häufig von Dürren betroffen sind. Auch hat Wolle aus Gebieten, in denen Umwelt-, Menschen- und Tierfreundlichkeit nicht respektiert werden, erhebliche negative Aspekte. Man denke dabei an Gegenden wie Australien, den Fernen und den Nahen Osten, wo Tierleid und die Ausbeutung landwirtschaftlicher Flächen leider immer noch eher die Regel als die Ausnahme sind. Dies gilt jedoch nicht für die Wolle der Schafe aus unserer Region. Unter der Voraussetzung, dass sie transparent produziert wird, ist sie vollständig rückverfolgbar, was bedeutet, dass jeder die Spinnerei, in der die Wolle verarbeitet wird, die Bauern oder den Schäfer, bei dem die Schafe grasen, besuchen könnte. In diesem Fall handelt es sich um ein Produkt mit dem kleinstmöglichen CO_2-Fußabdruck, das zudem vollständig biologisch abbaubar ist. Eine Win-win-Situation, die allen zugutekommt: gut für die Umwelt und gut für unsere Landschaft und unsere Bauern.

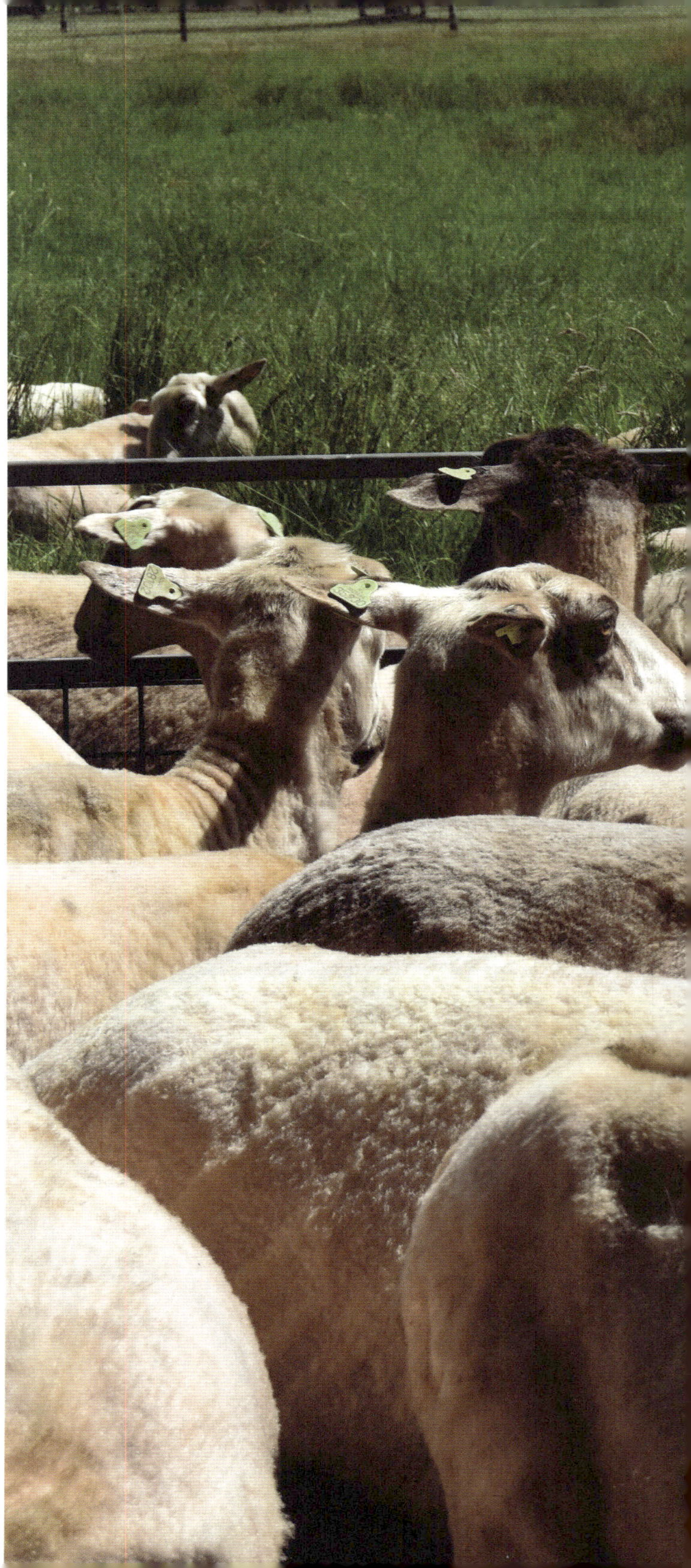

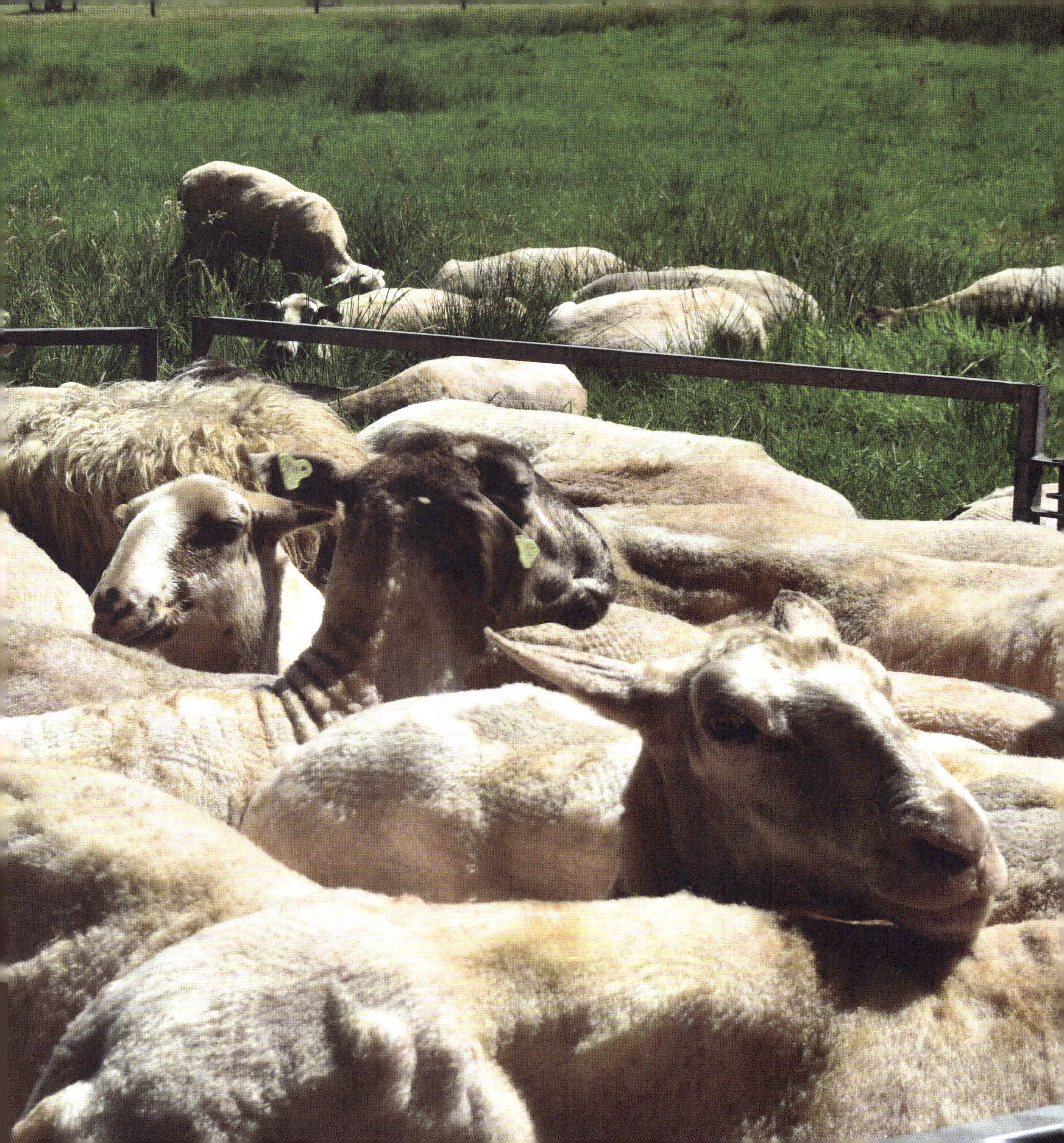

Holländische Wolle

Die Wolle der niederländischen Schafe ist ein Nischenprodukt. In unserem Land werden Schafe für alle möglichen Zwecke gehalten, aber nicht zwecks ihrer Wolle. Diese ist bestenfalls ein Nebenprodukt. Glücklicherweise entstehen hier und da Initiativen, um die Wolle unserer einheimischen Schafe zu nutzen. Manchmal wird die Wolle tatsächlich zu einer Spinnerei geschickt und kommt als Strickwolle zurück. Manchmal wird sie gefilzt, gefärbt oder zum Handspinnen verwendet. Aber der überwiegende Teil wird immer noch gesammelt und an weit entfernte Orte geschickt, um bestenfalls als Dämmmaterial zu enden. Für Wollliebhaber*innen wie uns (und wir sind nicht die einzigen) wäre es ein Traum, wieder im eigenen Land eine Spinnerei zu haben, in die wir die Wolle der Schafe von unseren niederländischen Bauern und Herden schicken könnten, um sie zu Garn verspinnen zu lassen. Dies ist seit den 1970er-Jahren, nachdem die letzte niederländische Spinnerei in Veenendaal geschlossen wurde, nicht mehr möglich. Das heißt, dass Wolle aus den Niederlanden im Moment immer zu einer Spinnerei im Ausland (Deutschland, England, Dänemark) geschickt werden muss, um zu Garn versponnen zu werden. Deshalb träumen wir insgeheim von einer holländischen Spinnerei, in der die Wolle unserer einheimischen Schafe verarbeitet werden könnte!

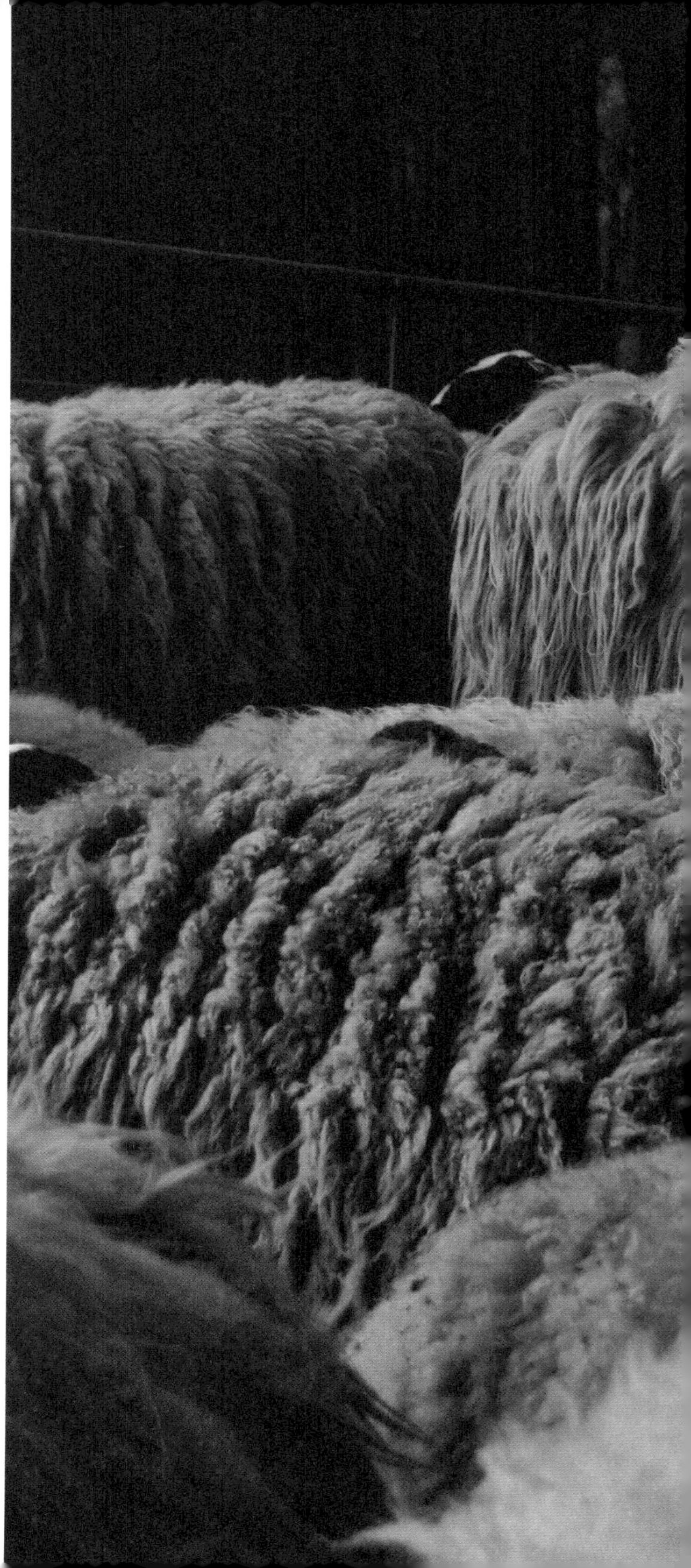

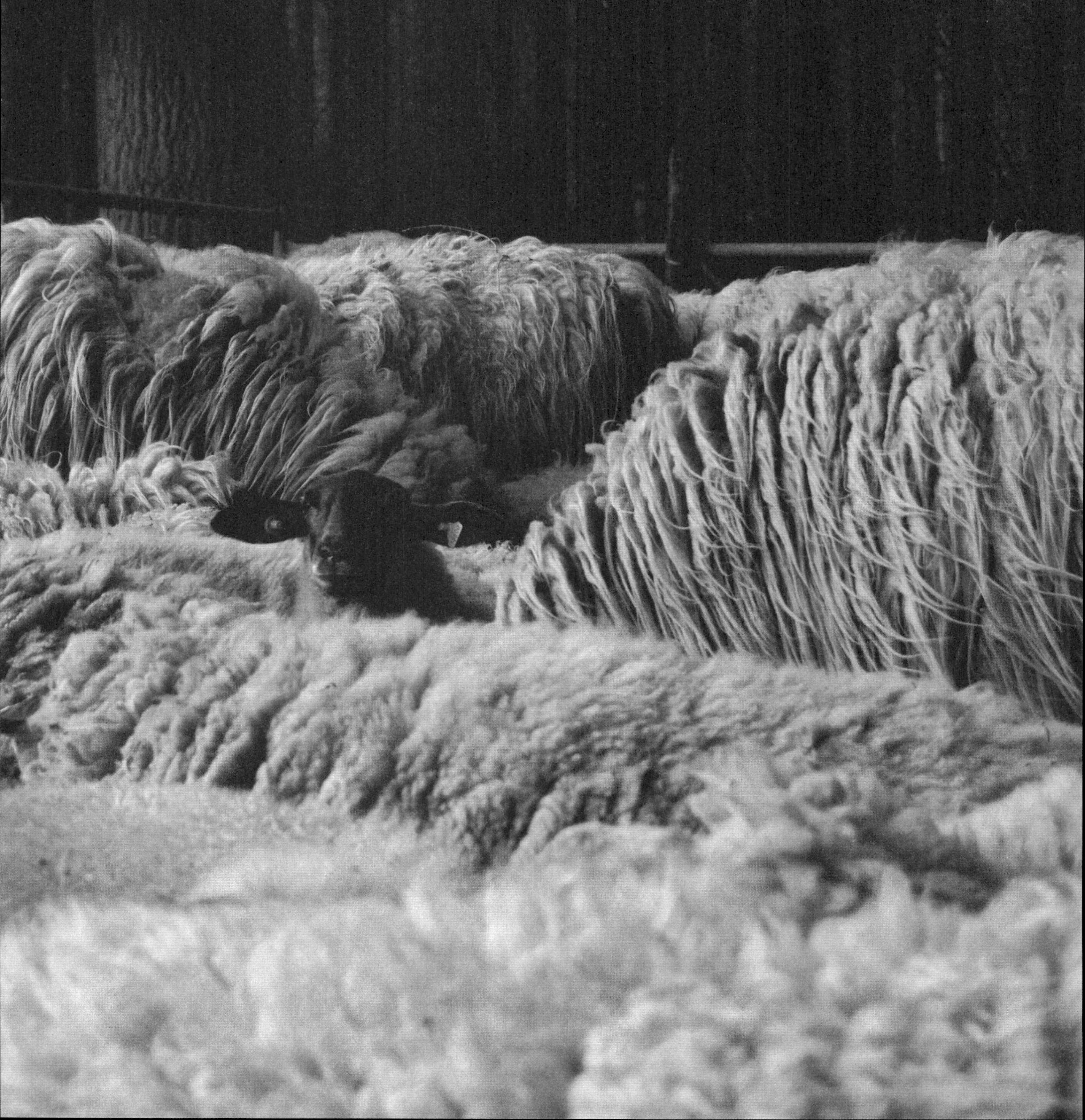

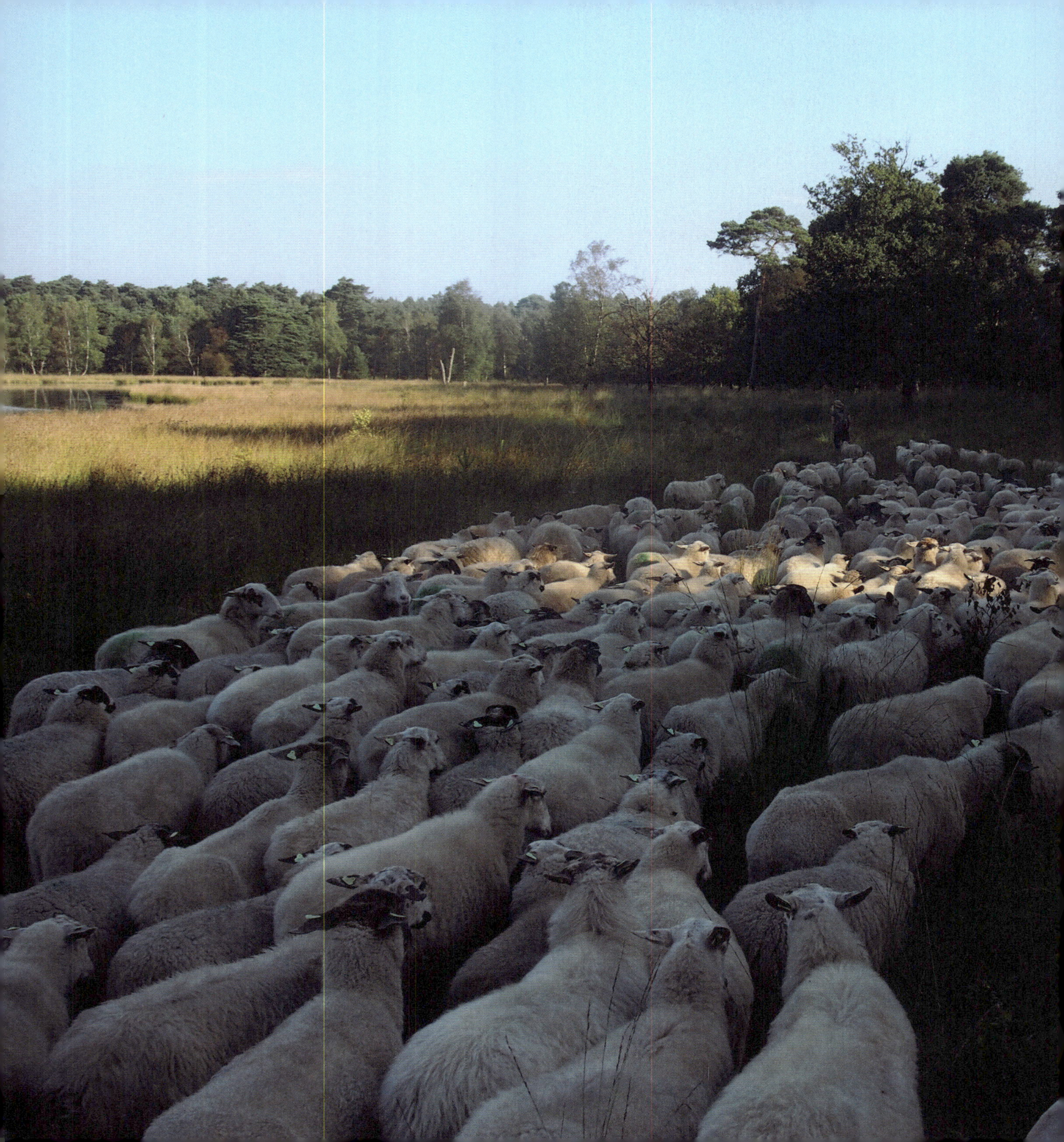

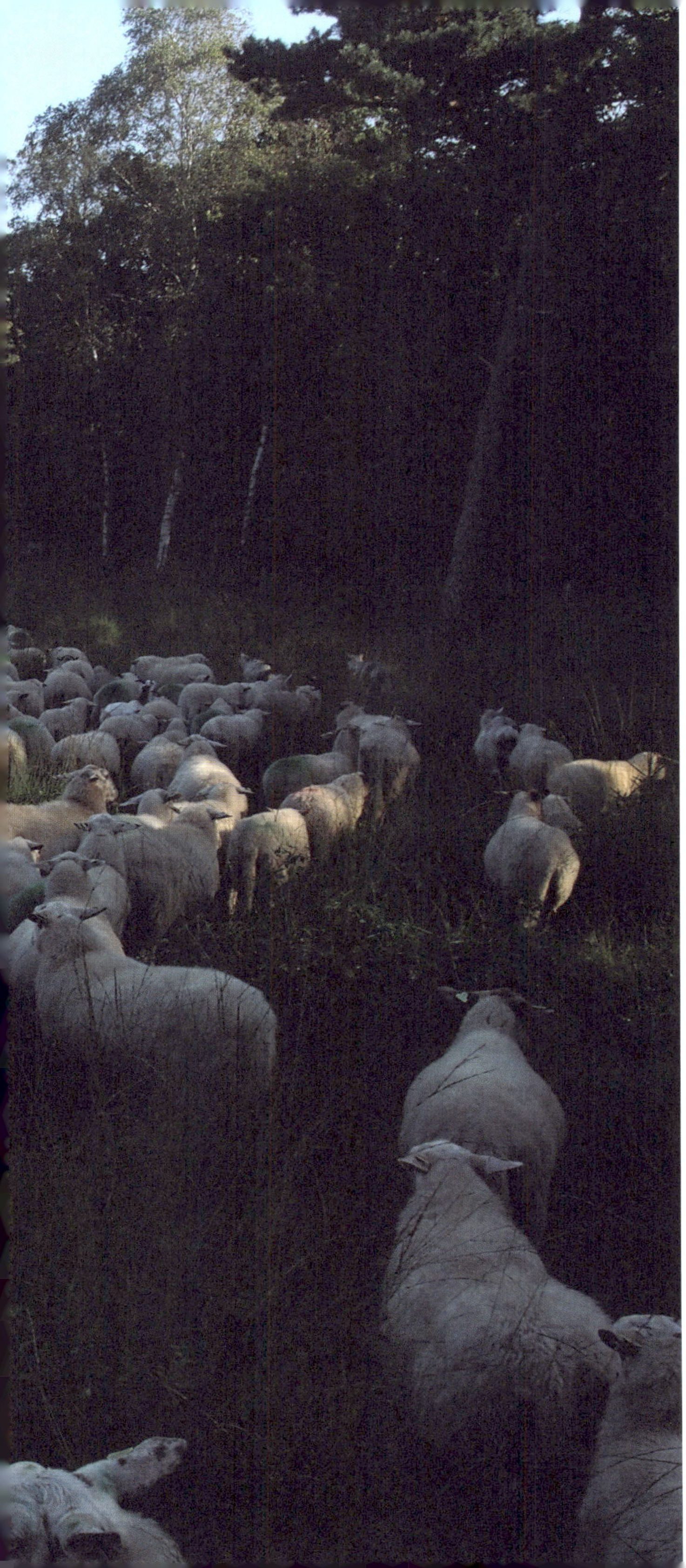

Muster

Teemütze und Eierwärmer

Material
Schaapjeswol Utrechtse Heuvelrug
200 g Ozean
100 g Natur
Rundstricknadel 3 mm - 60 cm, eventuell auch 40 cm
5er-Set Sockennadeln 3 mm
Maschenmarkierer
Stopfnadel

Maschenprobe
23 Maschen x 25 Reihen = 10 x 10 cm auf Nadeln 3 mm
Passen Sie, falls nötig, die Nadelstärke an, um das richtige Maschenverhältnis zu erhalten.

Maße Teemütze
Umfang unten ± 80 cm
Höhe (ohne Knoten) ± 28 cm

Maße Eierwärmer
Umfang unten ± 16 cm
Höhe (ohne Knoten) ± 8 cm

Ms Maschenmarkierer setzen

SM Slip marker (Maschenmarkierer auf die andere Nadel heben)

Vorgehensweise Teemütze

Schlagen Sie 176 Maschen mit Ozean an. Markieren Sie den Anfang der Runde mit einem Maschenmarker. Schließen Sie die Runde, vergewissern Sie sich, dass keine Verdrehung im Anschlag vorliegt und stricken Sie im Kreis. Stricken Sie 9 Runden rechts. Stricken Sie 1 Runde *1 Umschlag, 2 zusammenstricken*. Wiederholen Sie von * bis * bis zum Ende der Runde. Stricken Sie wieder 9 Runden rechts.
Stricken Sie 1 Runde rechts und 1 links mit Ozean und dann 1 Runde rechts und 1 Runde links mit Natur. Beginnen Sie nun mit der Zählzeichnung «Musterwiederholung Teekanne». Stricken Sie nach den 18 Runden des Zählmusters wieder 1 Runde rechts und 1 Runde links mit Natur und dann 1 Runde rechts und 1 Runde links mit Ozean.
Beginnen Sie nun wie folgt mit dem Karomuster, mit einem blauen Streifen von 6 Maschen Breite auf jeder Seite:

Runde 1: Stricken Sie 3 Maschen mit Ozean, Ms (Maschenmarkierer setzen), stricken Sie 20 x *2 Maschen mit Natur, 2 Maschen mit Ozean*, stricken Sie 2 weitere Maschen mit Natur, Ms, stricken Sie 6 Maschen mit Ozean, Ms, stricken Sie 20 x *2 Maschen mit Natur, 2 Maschen mit Ozean*, stricken Sie 2 weitere Maschen mit Natur, Ms, stricken Sie die letzten 3 Maschen der Runde mit Ozean.

Runde 2: Stricken Sie 3 Maschen mit Ozean, SM (Marker abheben = Marker auf die rechte Nadel übertragen), stricken Sie 20 x *2 Maschen mit Natur, 2 Maschen mit Ozean*, stricken Sie 2 weitere Maschen mit Natur, SM, 6 Maschen mit Ozean, SM, stricken Sie 20 x *2 Maschen mit Natur, 2 Maschen mit Ozean*, stricken Sie 2 weitere Maschen mit Natur, SM, stricken Sie die letzten 3 Maschen der Runde mit Ozean ab.

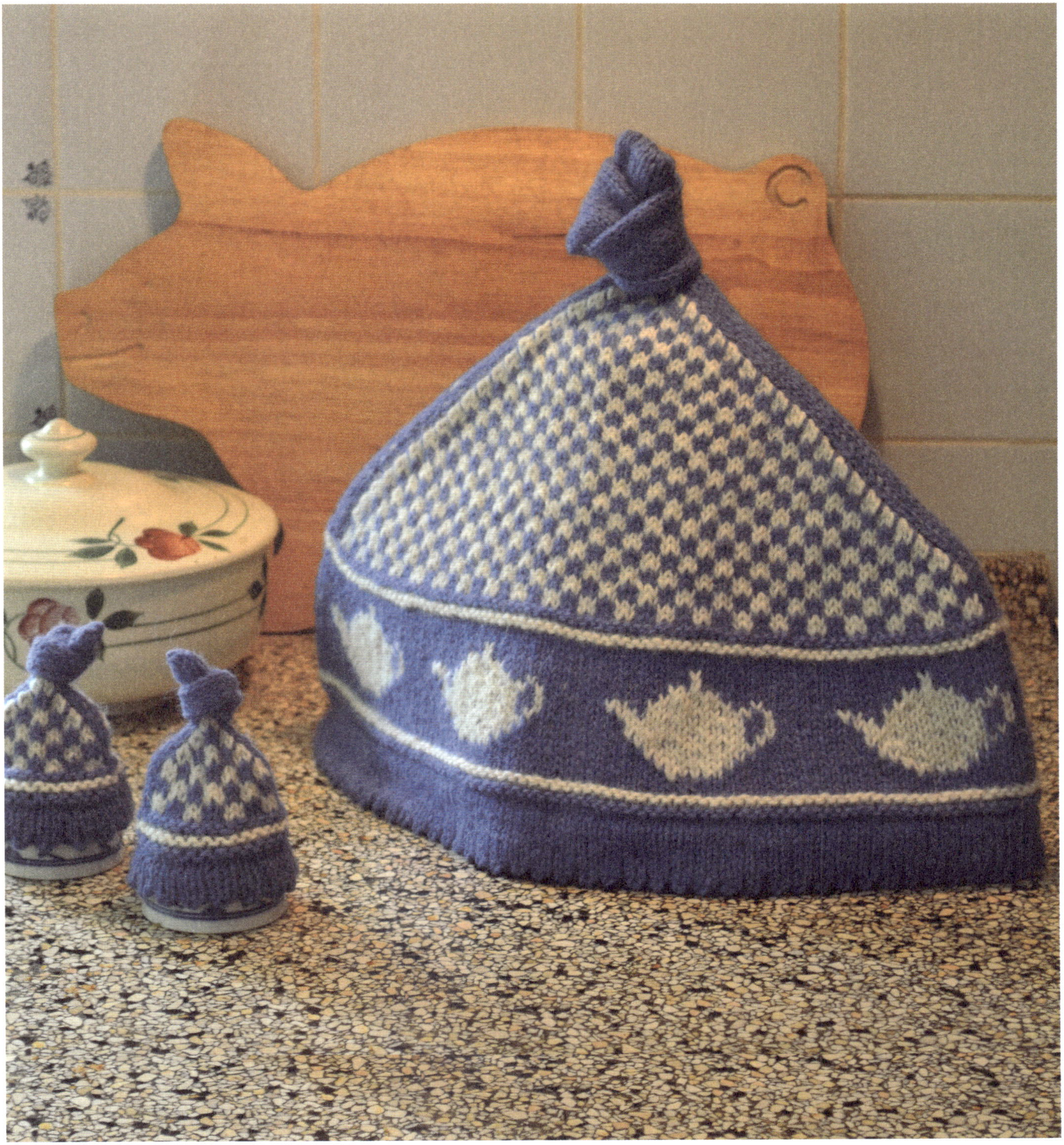

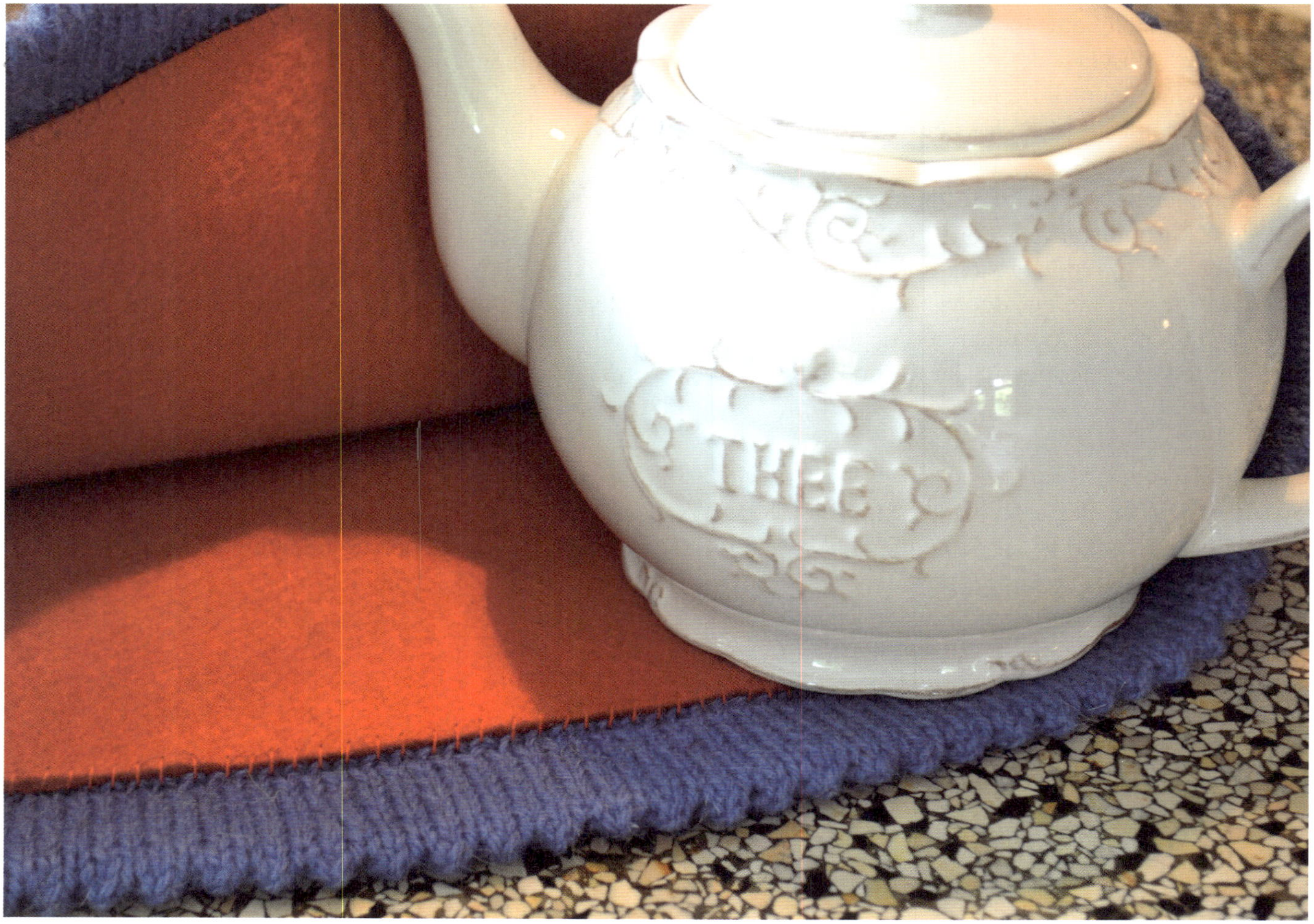

Runde 3: Stricken Sie 3 Maschen mit Ozean, SM, stricken Sie 20 x *2 Maschen mit Ozean, 2 Maschen mit Natur*, stricken Sie 2 weitere Maschen mit Ozean, SM, stricken Sie 6 Maschen mit Ozean, SM, stricken Sie 20 x *2 Maschen mit Ozean, 2 Maschen mit Natur*, stricken Sie 2 weitere Maschen mit Ozean, SM, stricken Sie die letzten 3 Maschen der Runde mit Ozean ab.

Runde 4: Wiederholen Sie Runde 3.

Wiederholen Sie diese 4 Runden (in Runde 1 wird aus Ms ein (SM). Es erscheint ein Karomuster mit einem blauen Streifen auf beiden Seiten. Nach 3 Karos (6 Runden) beginnen Sie gleichzeitig mit dem Abnehmen auf beiden Seiten des blauen Streifens. Nehmen Sie 4 Maschen pro Runde wie folgt ab: Stricken Sie 2 Maschen direkt nach der ersten und dritten Maschenmarkierung gerade zusammen und stricken Sie die letzten 2 Maschen vor der zweiten und vierten Maschenmarkierung mit einer SSK zusammen. Wiederholen Sie diese Abnahmen in jeder Runde. Wechseln Sie, wenn das Werkstück nicht mehr auf die Rundstricknadel passt, auf Sockennadeln (oder ggf. auf eine 40-cm-Rundstricknadel). Verteilen Sie die

Maschen wie folgt auf die Sockennadeln: Stricken Sie die ersten 3 Maschen der Runde noch mit der Rundstricknadel. Setzen Sie dann die Maschen mit dem Karomuster auf die erste Sockennadel ab, setzen Sie die 6 Maschen der ersten blauen Bahn auf die zweite Sockennadel, setzen Sie dann die nächsten Maschen mit dem Karomuster auf die dritte Sockennadel und schließen Sie mit den ersten und letzten 3 blauen Maschen der Runde auf der vierten Sockennadel ab (lassen Sie den Maschenmarkierer, der den Anfang der Runde kennzeichnet, in der Mitte der Runde stehen).
Fahren Sie mit den Abnahmen fort, bis Sie insgesamt noch 24 Maschen übrig haben.
Stricken Sie von hier an nur noch mit Blau. Stricken Sie weiter im Kreis, bis der Schlauch ± 22 cm lang ist. Setzen Sie nun die ersten 12 Maschen der Runde gemeinsam auf eine Nadel, und setzen Sie auch die letzten 12 Maschen der Runde zusammen auf eine Nadel. Nähen Sie die Maschen sorgfältig zusammen. Die unsichtbarste Methode dafür ist der Kitchener-Stich. Informationen über den Kitchener-Stich finden Sie im Internet.

Verarbeitung

Vernähen Sie alle Fadenenden. Waschen Sie die Teemütze und lassen Sie sie flach in der gewünschten Größe trocknen.

Futter

Fertigen Sie ein Futter aus stabilem Filz an. Legen Sie die Teemütze flach auf den Filz und zeichnen Sie den Umriss mit einer Kreide nach. Schneiden Sie den Filz innerhalb der Kreidelinien zweimal aus, sodass das Futter etwas kleiner als der Umfang der Teemütze ist. Nähen Sie die 2 Filzstücke mit einem Festonstich zusammen und schieben Sie das Filzfutter in den Teewärmer. Nähen Sie nun mit kleinen Stichen das Futter auf der Innenseite auf der links gestrickten Runde des umgeschlagenen Randes an. Machen Sie einen Knoten in den Schlauch.

ACHTUNG: Die 6 Maschen auf jeder Seite, die die blauen Bahnen anzeigen, werden zwischen die Maschenmarkierer gesetzt, und der Maschenmarkierer am Anfang der Runde «zählt im Muster nicht mit», sondern zeigt nur den Beginn der Runde an.

Vorgehensweise Eierwärmer

Schlagen Sie mit Ozean 32 Maschen an. Verteilen Sie die Maschen auf 4 Sockennadeln (8 Maschen pro Nadel) und markieren Sie den Anfang der Runde mit einem Maschenmarkierer. Schließen Sie die Runde, achten Sie darauf, dass keine Verdrehung im Anschlag vorliegt und stricken Sie im Kreis. Stricken Sie 5 Runden rechts. Stricken Sie 1 Runde *1 Umschlag, 2 zusammenstricken*. Wiederholen Sie von * bis * bis zum Ende der Runde. Stricken Sie wieder 5 Runden rechts. Stricken Sie nun die Maschen mit den Schlaufen des Anschlagrands zusammen, damit ein Saum mit der Runde mit den Löchern als Faltlinie entsteht. Achten Sie darauf, dass die Maschen und Anschlagschlingen gerade übereinander zusammengestrickt werden, da sich die Arbeit sonst verdreht.

Stricken Sie 1 Runde rechts und 1 Runde links mit Ozean, dann 1 Runde rechts und 1 Runde links mit Natur und wieder 1 Runde rechts und 1 Runde links mit Ozean. Beginnen Sie nun mit dem Zählmuster «Musterwiederholung Eierwärmer» (stricken Sie die 16 Maschen der Musterwiederholung 2 x).

Stricken Sie die 12 Runden des Zählmusters. Es bleiben noch 8 Maschen übrig. Stricken Sie von nun an nur noch mit Blau weiter. Stricken Sie im Kreis, bis der Schlauch ± 10 cm lang ist. Schneiden Sie das Garn ab und fädeln Sie es durch das Öhr einer Stopfnadel. Führen Sie die Stopfnadel durch die 8 Maschen und ziehen Sie den Faden fest, um die Spitze zu schließen. Verarbeiten Sie den Faden auf der Innenseite.

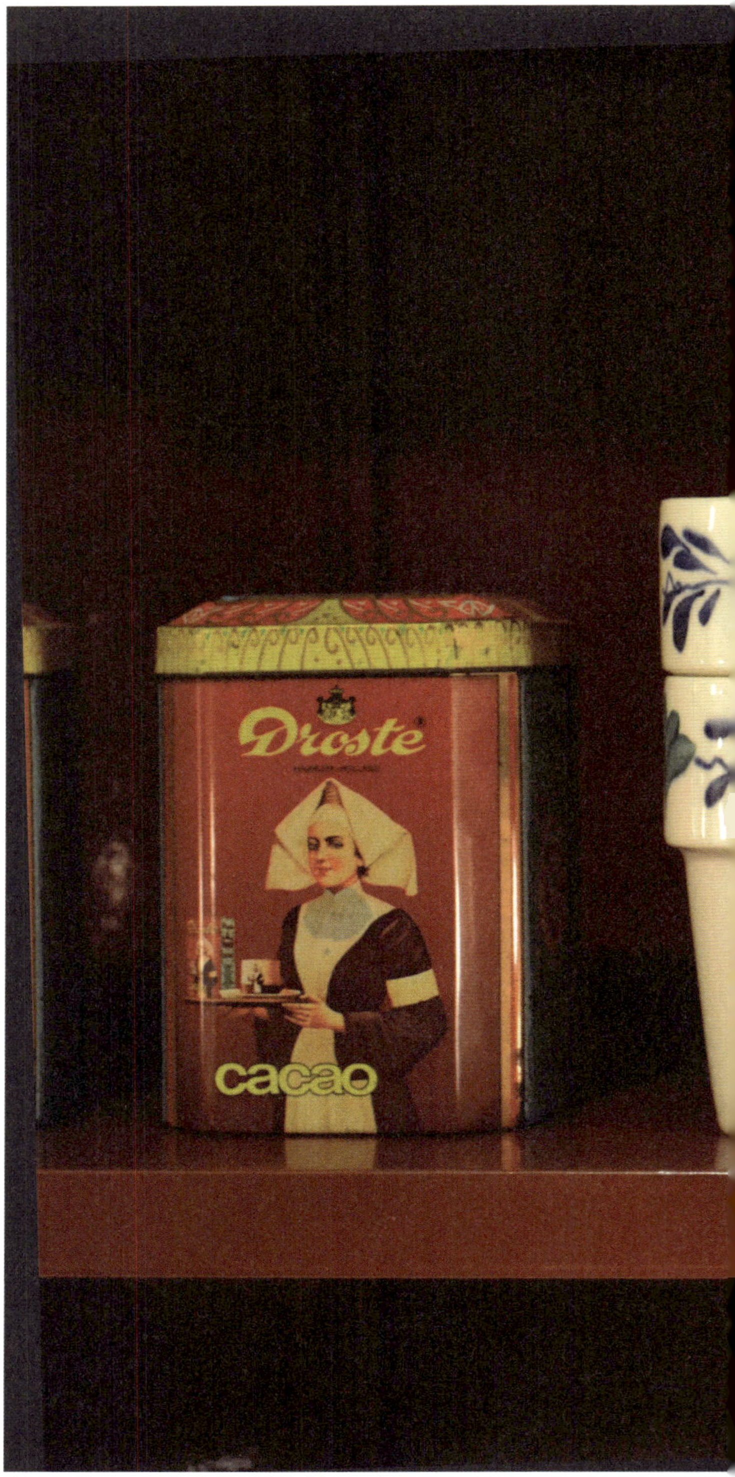

Verarbeitung

Vernähen Sie alle Fadenenden. Waschen Sie den Eierwärmer und lassen Sie ihn über einem Ei im Eierbecher trocknen. Wenn der Eierwärmer trocken ist, binden Sie einen Knoten in den Schlauch.

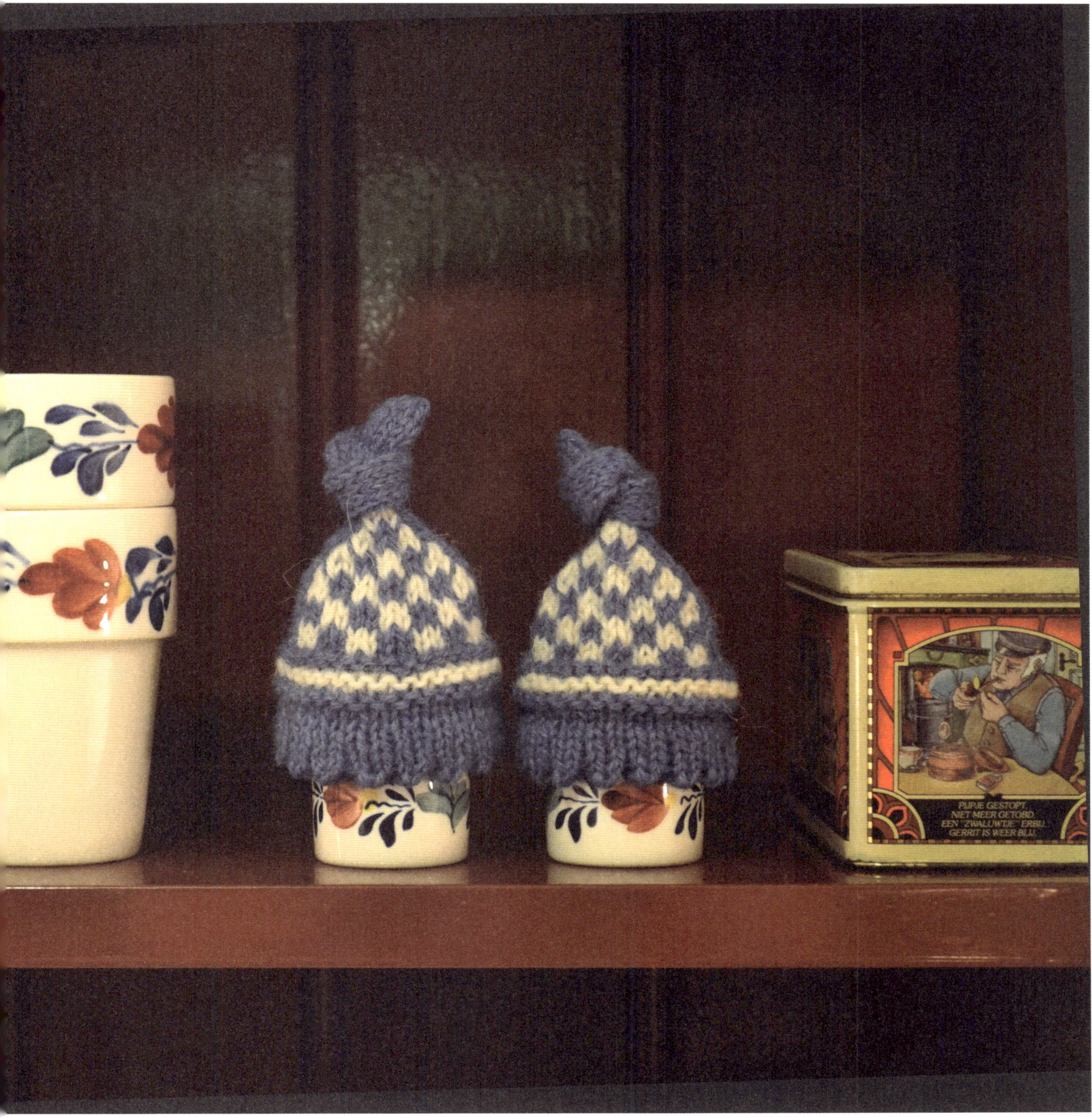
PIJPJE GESTOPT,
NIET MEER GETOBD.
EEN "ZWALUWTJE" ERBIJ.
GERRIT IS WEER BLIJ.

Zählmuster Teemütze

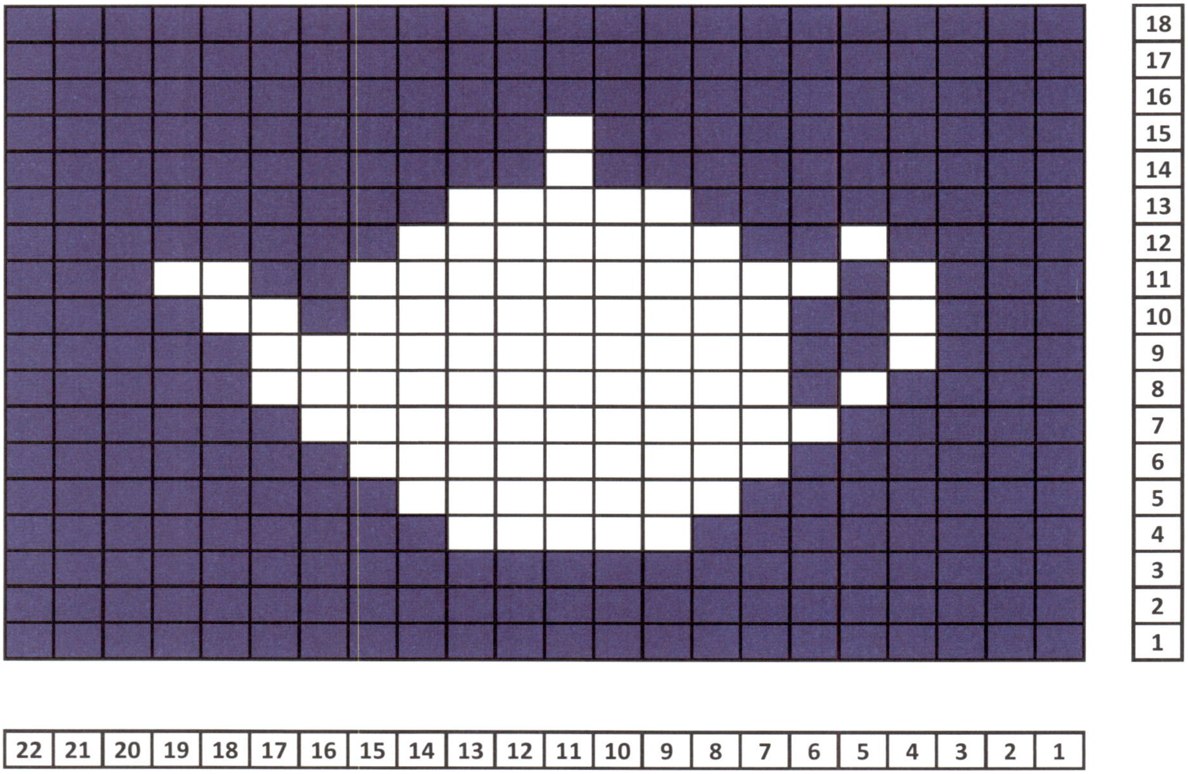

Musterwiederholung Teekanne

- ■ Ozean
- □ Natur

Zählmuster Eierwärmer

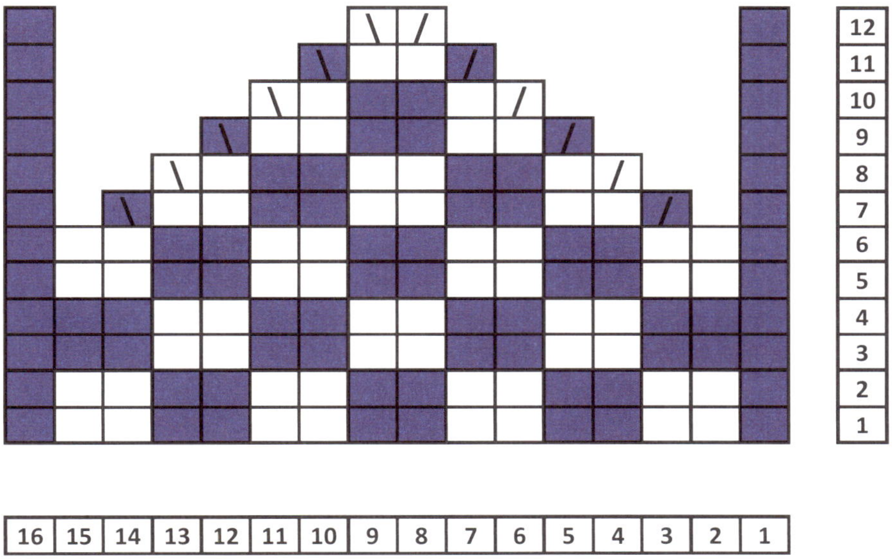

Musterwiederholung Eierwärmer

- Ozean
- Natur
- SSK (1 Masche gerade abketten, eine weitere Masche abketten, die linke Nadel von links nach rechts durch diese 2 Maschen führen und diese zusammenstricken)
- 2 Maschen zusammenstricken

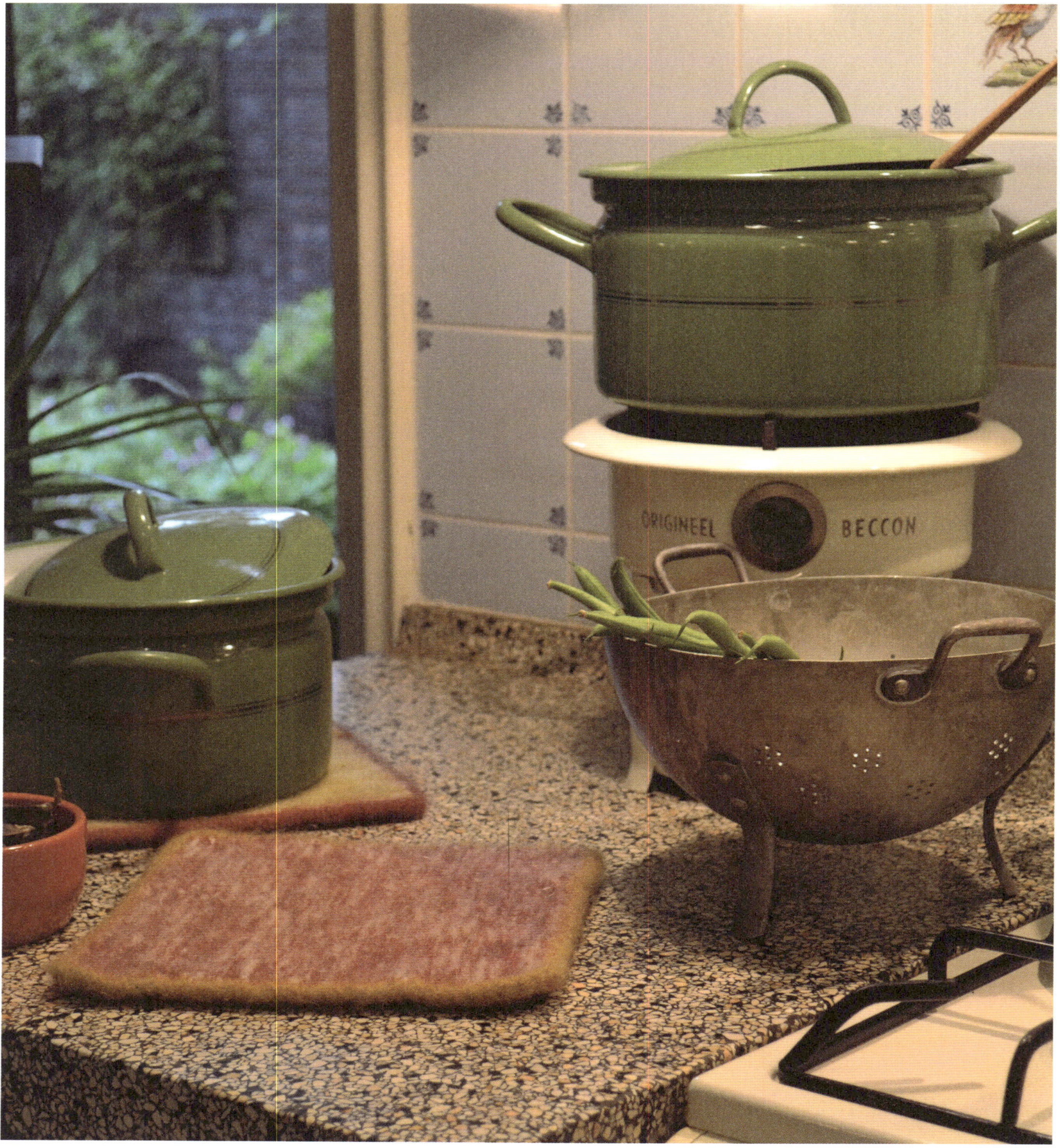
ORIGINEEL
BECCON

Untersetzer

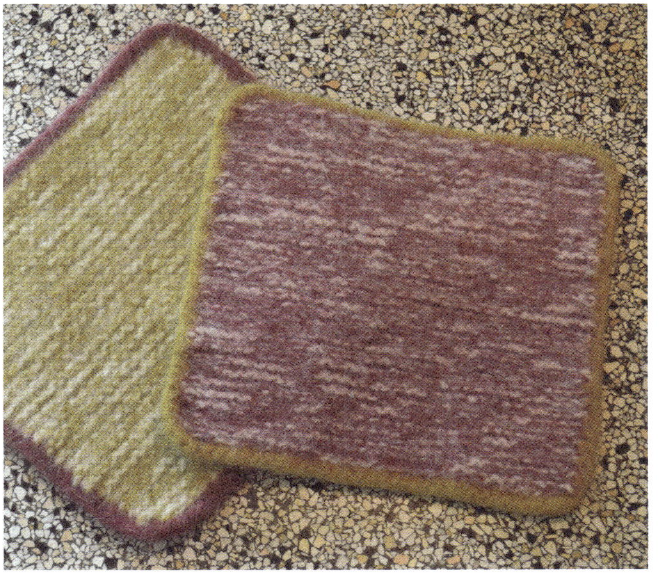

Material
Schaapjeswol Utrechtse Heuvelrug
 100 g Natur
 100 g Ochsenblut
 100 g Gold
Stricknadeln 7 mm
Häkelnadel 7 mm

Maschenprobe
13 Maschen x 12 Rippen (24 Reihen) = 10 x 10 cm

Maße
Vor dem Filzen: ± 27 x 27 cm
Nach dem Filzen: ± 22 x 22 cm

Vorgehensweise

Der Untersetzer wird mit doppeltem Garn gestrickt. Schlagen Sie 35 Maschen mit 1 Faden Natur und 1 Faden Ochsenblut an. Stricken Sie rechts (Rippen) bis zu einer Länge von 27 cm (oder bis das Strickstück ein reines Quadrat ist). Ketten Sie alle Maschen ab. Häkeln Sie mit 2 Fäden Gold einen Rand um das Strickstück, und stechen Sie an den Seiten dabei immer in die Masche zwischen den Rippen. Schließen Sie die Reihe mit einem halben Stäbchen. Vernähen Sie alle Fäden. Fertigen Sie einen zweiten Untersetzer an, aber stricken Sie jetzt mit Natur und Gold und umhäkeln Sie mit 2 Fäden Ochsenblut.

Verarbeitung

Geben Sie die beiden Untersetzer zusammen mit einigen alten Handtüchern oder einer alten Jeans in die Waschmaschine. Füllen Sie Waschmittel in die Waschmittelschublade und wählen Sie ein Programm bei 60 Grad mit maximaler Umdrehungszahl für den Schleudergang. Ziehen Sie die Untersetzer nach dem Waschen in Form und lassen Sie sie trocknen.

Achtung: Die Handtücher oder Jeans werden zwar wie gewohnt sauber, aber es können einige lose Wollfasern darauf zurückbleiben.

Fäustlinge Utrechtse Heuvelrug

Material
Schaapjeswol Utrechtse Heuvelrug
100 g Natur
100 g Gold
100 g Ochsenblut
5er-Set Sockennadeln
3,25 und 3,5 mm
2 Maschenmarkierer
Ein Reststück glattes Garn oder kurze(r) Maschenhalter

Größe Damen S / M

Maße nach dem Spannen
Umfang Handteil 21 cm
Gesamtlänge 26 cm

Maschenprobe vor dem Spannen
Farbarbeit auf Nadel 3,5 mm:
20 Maschen und 26 Reihen
= 10 x 10 cm.
Passen Sie, falls nötig, die Nadelstärke an, um das richtige Maschenverhältnis zu erhalten.

Vorgehensweise linker Fäustling

Bündchen

Schlagen Sie 40 Maschen (zweifarbiger Maschenanschlag) mit Ochsenblut und Natur auf Sockennadeln 3,25 mm an.

Zweifarbiger Maschenanschlag - Schlagen Sie die Maschen in zwei verschiedenen Farben an. Verknoten Sie den roten und den weißen Faden mit einer Gleitschlaufe (achten Sie darauf, dass Sie von beiden Fäden ca. 30 cm am Ende übrig haben, damit Sie sie später vernähen können).
Setzen Sie die Schlaufe auf die 3,25 mm-Sockennadel und nehmen Sie 40 Maschen mit dem Kreuzanschlag auf (Infos zum Kreuzanschlag im Internet). Halten Sie beim Anschlagen das rote Garn über den Daumen und das weiße Garn über den Zeigefinger. Das rote Garn wird unten in der Arbeit ein Kontraströndchen bilden. Achtung: Zählen Sie die Gleitschlaufe nicht bei den 40 aufzunehmenden Maschen mit, sondern entfernen Sie diese vor dem Schließen der Runde.

Verteilen Sie die Maschen auf 4 Sockennadeln. Schließen Sie die Runde, achten Sie darauf, dass keine Verdrehung im Anschlag vorliegt und stricken Sie im Kreis mit Natur weiter. Stricken Sie 18 Reihen im 2/2 Rippenmuster (2 Maschen rechts, 2 Maschen links).

Hand

Wechseln Sie auf 3,5 mm-Sockennadeln und stricken Sie nach dem Zählmuster «Hand». Nehmen Sie in der ersten Reihe 2 Maschen zu, wie im Zählmuster angegeben (= 42 M).

Daumenkeil

Stricken Sie bis zur ersten Masche des Daumenkeils. Dies wird im Zählmuster der Fäustlinge durch Kästchen mit dem Buchstaben L (R) angezeigt. Legen Sie die nächsten 7 Maschen, die den Daumenkeil bilden werden, mit einer Stopfnadel auf ein Baumwollgarn. Schlagen Sie 7 neue Maschen für die Innenseite des Daumens an.

ACHTUNG: Die Zählmuster für den linken und rechten Fäustling sind verschieden, s. S. 46/47.

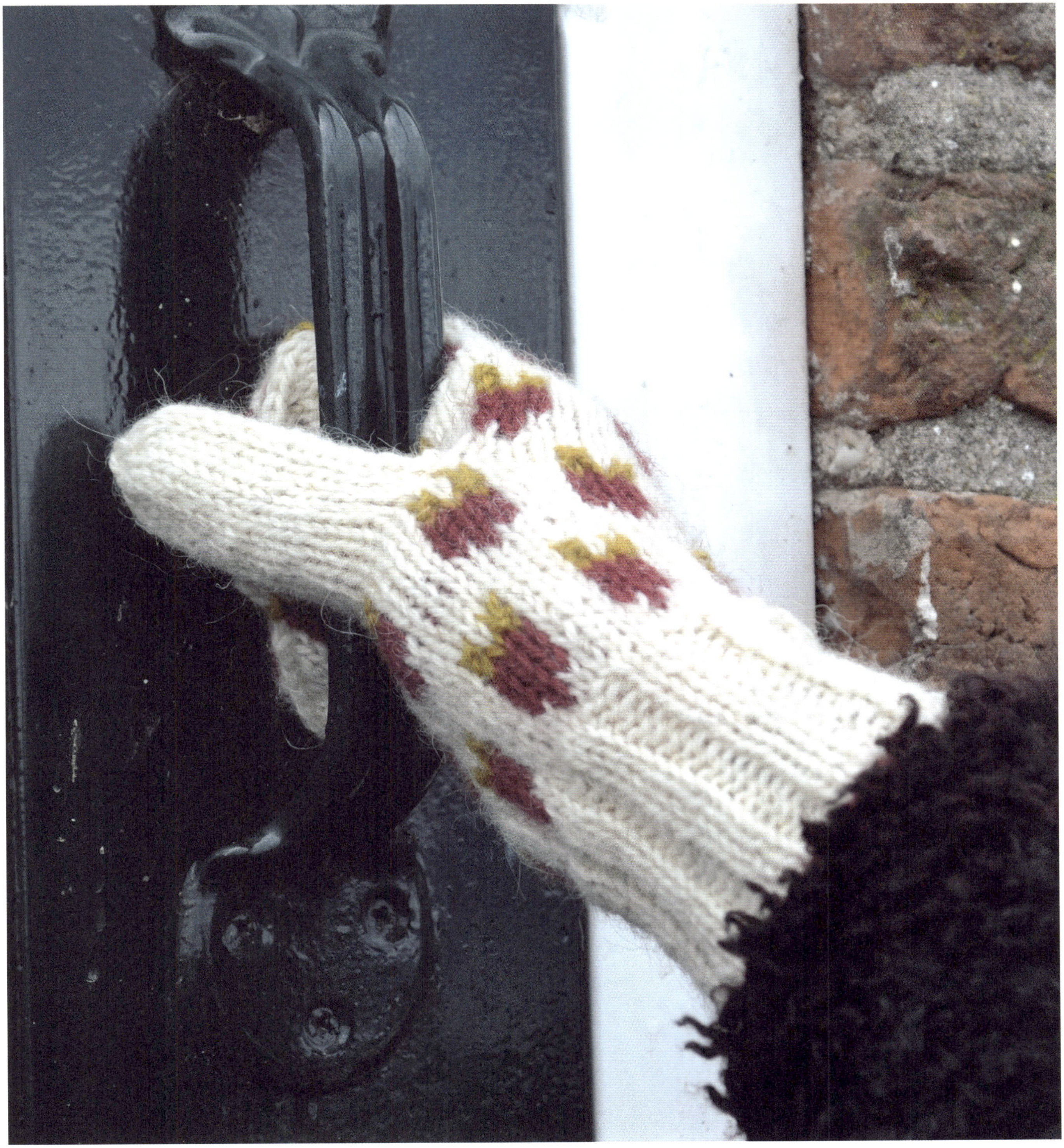

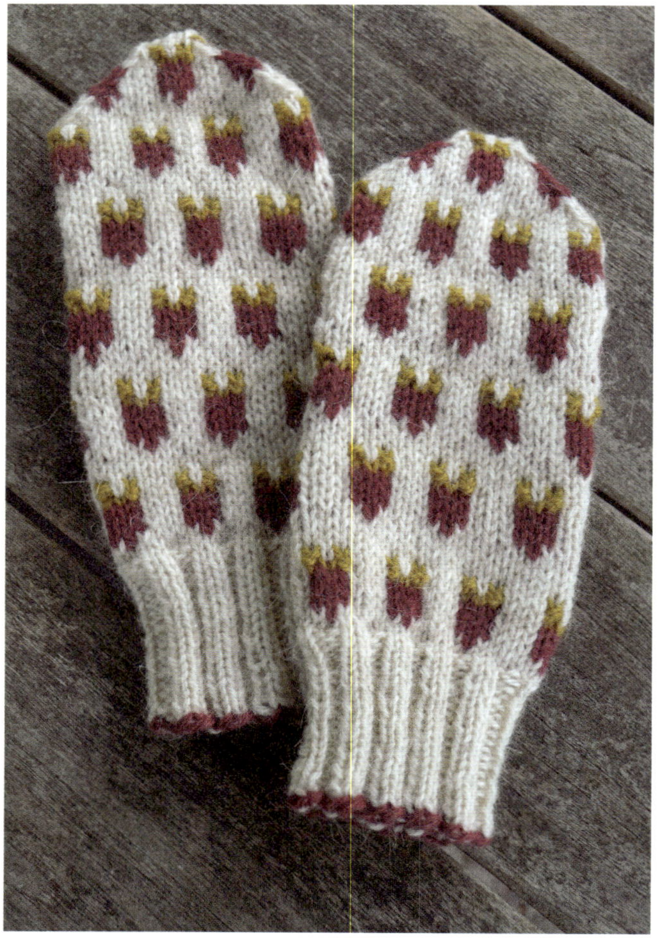

Dies sind die Maschen in den Kästchen mit einem L (R). Stricken Sie den Rest der Maschen der Runde. Der Daumenkeil ist nun eine Art Knopfloch, an das nachher der Daumen gestrickt wird. Stricken Sie nach dem Daumenkeil nach Mustervorlage weiter bis zur ersten Reihe der Abnahmen oder bis die Spitze des kleinen Fingers bedeckt ist.

Abnahmen für die Fäustlingspitze

Achten Sie darauf, dass die Maschen gleichmäßig auf die 4 Stricknadeln verteilt sind (21 Maschen auf den ersten 2 Nadeln und 21 Maschen auf den letzten 2 Nadeln). Nehmen Sie die Abnahmen wie im Zählmuster «Hand» angegeben vor, bis Sie insgesamt 10 Maschen übrig haben. Setzen Sie die Maschen von Nadel 1 und 2 zusammen auf eine Nadel und setzen Sie die Maschen von Nadel 3 und 4 ebenfalls zusammen auf eine Nadel. Schneiden Sie den Faden Natur auf etwa 50 Zentimeter ab. Halten Sie die 2 Nadeln parallel zueinander in der linken Hand, wobei die rechte Seite der Arbeit nach außen zeigt, und verbinden Sie die Maschen mit Natur. Die unsichtbarste Methode dafür ist der Kitchener-Stitch. Informationen über den Kitchener-Stitch finden Sie im Internet.

Daumen

Übertragen Sie die 7 Maschen für den Daumen vom Baumwollfaden auf 2 Stricknadeln. Stricken Sie diese Maschen mit Natur. Nehmen Sie eine Masche aus dem Scheitelpunkt auf (das beugt dem Loch vor, das oft im Scheitelpunkt entsteht), nehmen Sie dann am oberen Ende der Öffnung für den Daumen 7 Schlaufen aus dem Rand auf und stricken Sie aus diesen, verteilt auf 2 Nadeln, Maschen heraus und nehmen Sie am Ende von Nadel 4 wieder eine Masche aus dem Scheitelpunkt auf (= 16 M).

Stricken Sie im Kreis über die 16 Maschen bis zur Höhe der Mitte des Daumennagels. In der nächsten Runde stricken Sie jeweils 2 Maschen rechts zusammen (= 8 M.). Stricken Sie in der nächsten Runde wieder jeweils 2 Maschen rechts zusammen. Es bleiben noch 4 Maschen übrig. Schneiden Sie das Garn ab und fädeln Sie es durch das Öhr einer Stopfnadel. Führen Sie die Stopfnadel durch alle Maschen auf den Stricknadeln, ziehen Sie den Faden an und vernähen Sie ihn fest an der Innenseite des Daumens.

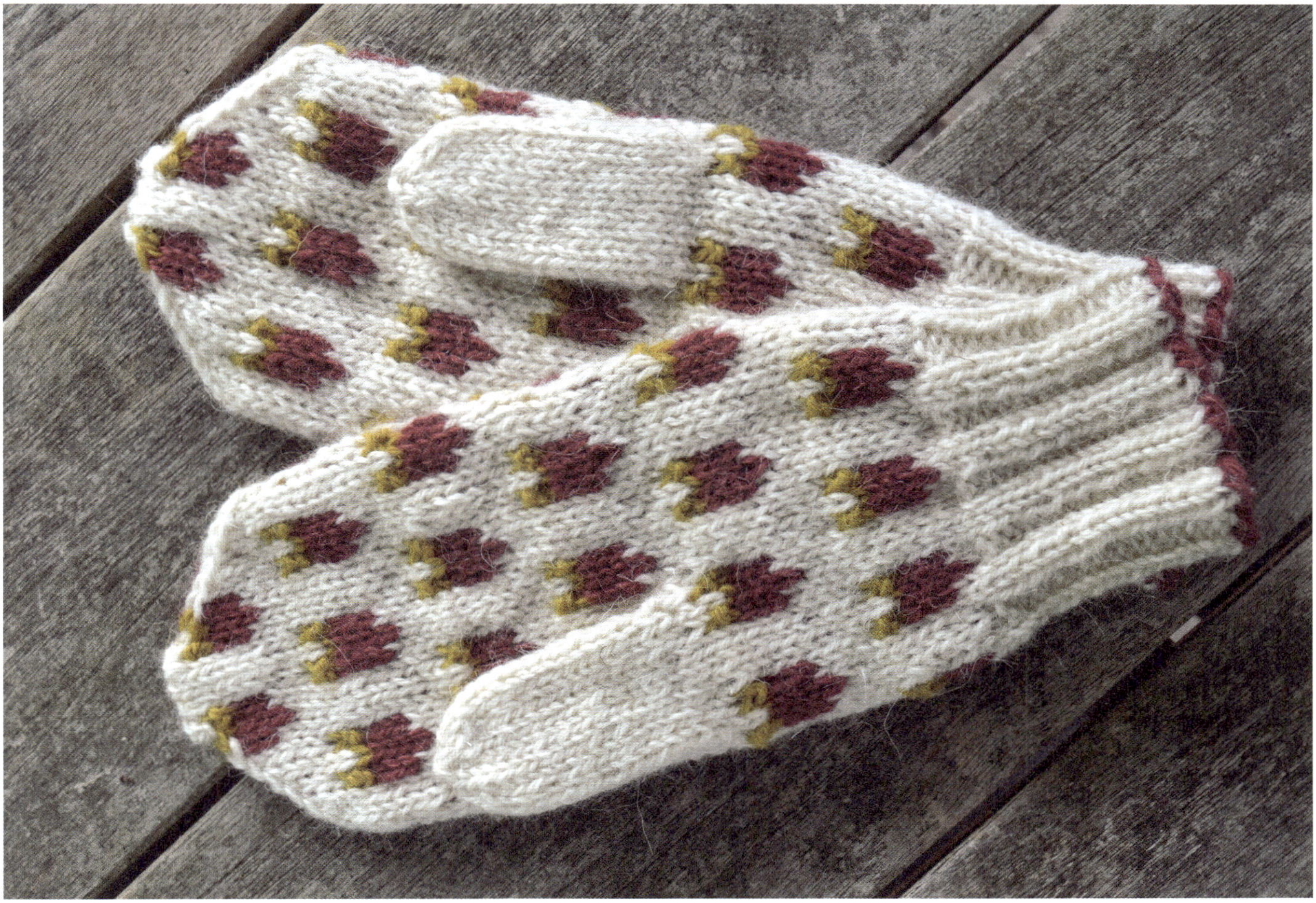

Vorgehensweise rechter Fäustling

Der rechte Fäustling wird auf die gleiche Weise gestrickt wie der linke Fäustling, aber folgen Sie der Zählmustervorlage «Rechte Hand» und vermindern Sie die Maschen für die Daumenspitze durch SSKs, anstatt 2 Maschen rechts zusammenzustricken.

Verarbeitung

Vernähen Sie alle Fadenenden. Waschen Sie die Fäustlinge und spannen Sie diese auf die gewünschte Größe oder benutzen sie dazu spezielle Fäustlingsspanner.

Zählmuster Fäustlinge Utrechtse Heuvelrug Hand

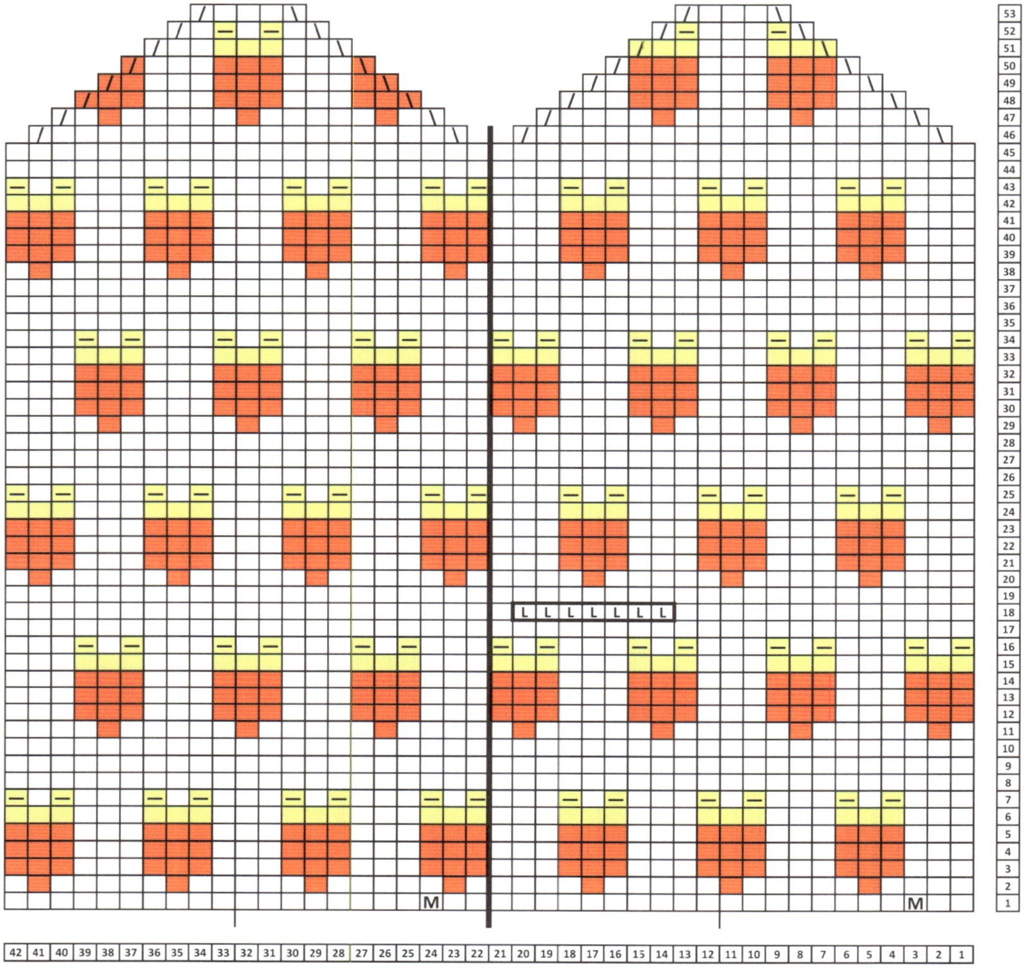

Linke Hand

(weiß)	Natur
(rot)	Ochsenblut
(gelb)	Gold
–	Links mit Gold
M	Zunahme aus dem Querfaden: Verbindungsschlaufe zwischen Maschen aufnehmen und rechts verschränkt abstricken
L	Maschen, die den Daumenkeil des linken Fäustlings bilden
R	Maschen, die den Daumenkeil des rechten Fäustlings bilden

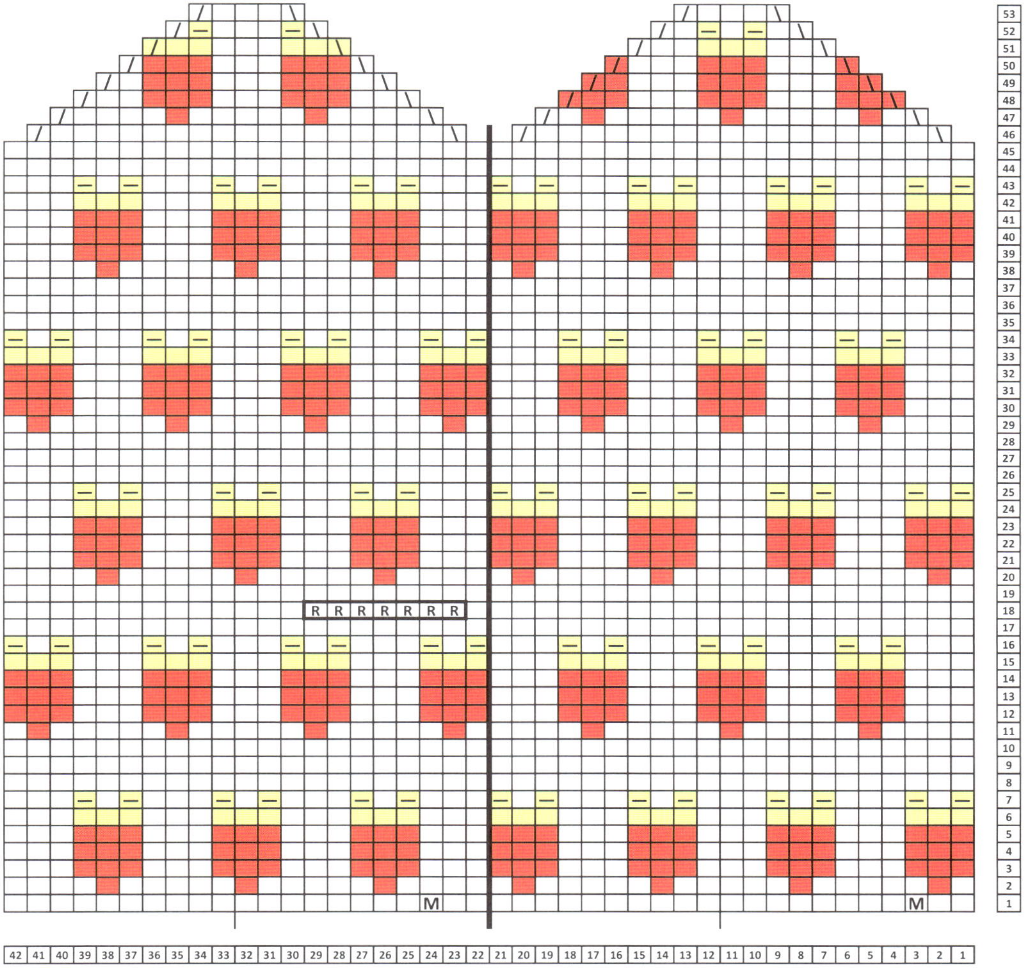

Rechte Hand

 SSK (heben Sie 1 Masche rechts ab, heben Sie noch eine Masche rechts ab, stechen Sie die linke Nadel von vorne von links nach rechts durch diese 2 Maschen und stricken Sie sie zusammen)

 2 Maschen rechts zusammenstricken

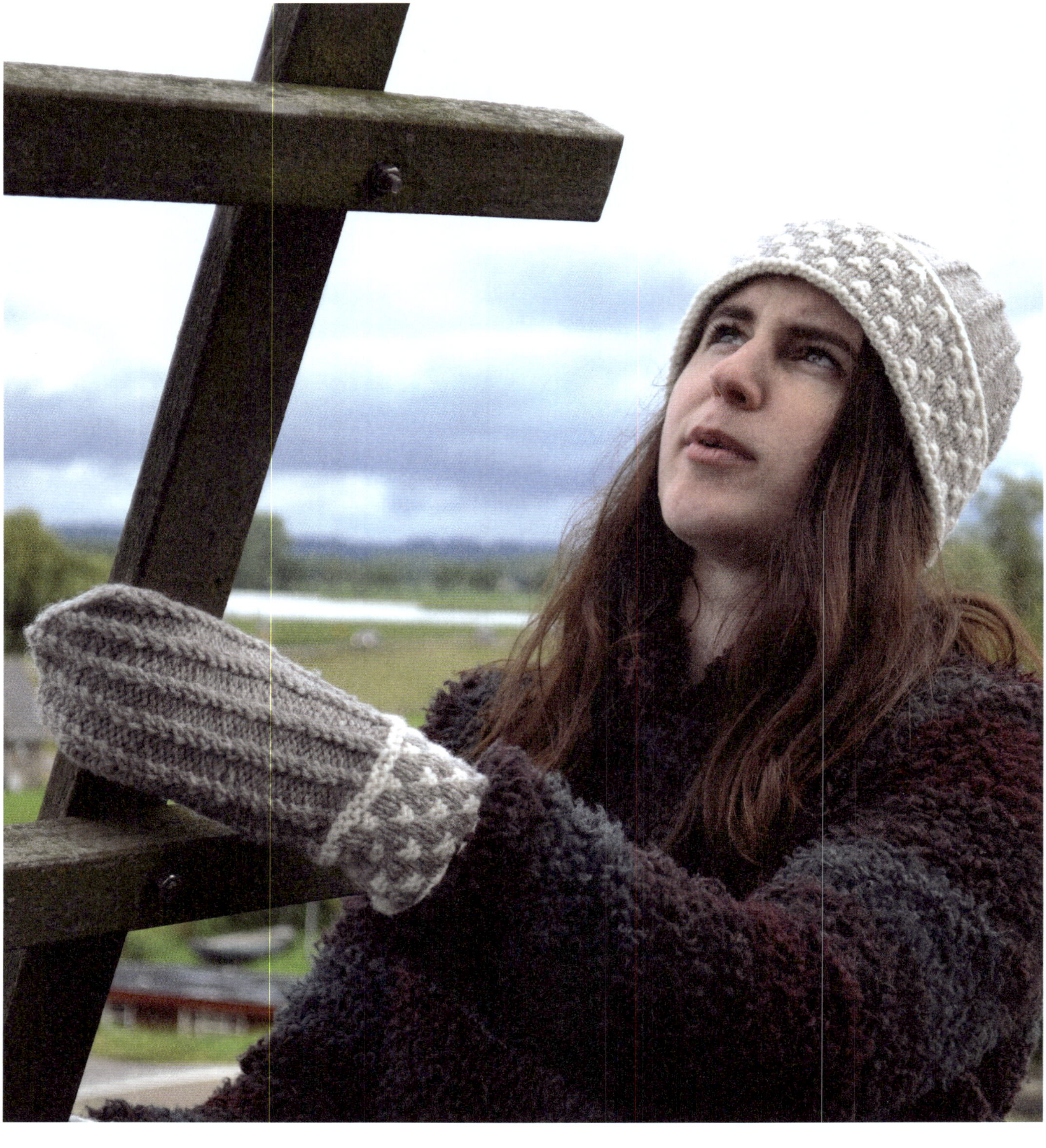

Fäustlinge Lutjebroek

Material
Schaapjeswol Lutjebroek
in den folgenden Farben:
100 g Hellgrau
100 g Wollweiß
5er-Set Sockennadeln 4 mm
Ein Reststück glattes Garn oder kurze(r) Maschenhalter

Größe Damen S/M

Maße nach dem Spannen
Umfang Handteil 20 cm
Gesamtlänge 27 cm

Maschenprobe vor dem Spannen
Farbarbeit:
20 Maschen und 23 Reihen
= 10 x 10 cm.
Muster mit Kordelrippen:
24 Maschen und 27 Reihen
= 10 x 10 cm.
Passen Sie, falls nötig, die Nadelstärke an, um das richtige Maschenverhältnis zu erhalten.

Vorgehensweise linker Fäustling

Bündchen

Schlagen Sie 36 Maschen mit Wollweiß an. Verteilen Sie die Maschen auf 4 Nadeln (9 Maschen pro Nadel). Schließen Sie die Runde, achten Sie darauf, dass keine Verdrehung im Anschlag vorliegt und stricken Sie im Kreis. Stricken Sie nach Zählvorlage «Musterwiederholung Bündchen».

Hand

Achtung: In der Mustervorlage «Hand» finden Sie die Anleitungen für das Stricken des rechten (gekennzeichnet mit Kästchen mit dem Buchstaben R) und des linken Fäustlings (gekennzeichnet mit Kästchen mit dem Buchstaben L). Ignorieren Sie daher beim Stricken des linken Handschuhs die Anweisungen für den rechten Handschuh und umgekehrt.
Stricken Sie nach Runde 21 des Zählmusters «Musterwiederholung Bündchen» 1 Runde rechts mit Hellgrau und gleichzeitiger Zunahme, verteilt über die Runde, von 4 Maschen (= 40 M). Machen Sie die Zunahmen, indem Sie die Verbindungsschlinge zwischen 2 Maschen aufnehmen und verschränkt rechts abstricken. Verteilen Sie die Maschen neu wie folgt auf die 4 Nadeln: 9 Maschen auf Nadel 1, 11 Maschen auf Nadel 2, 9 Maschen auf Nadel 3 und 11 Maschen auf Nadel 4. Stricken Sie weiter nach Zählmuster «Hand».

HINWEIS
Durch das Stricken der Kordelrippen verzieht sich die Arbeit. Dies wird durch das Spannen behoben (siehe Foto: rechts vor dem Spannen, links danach).

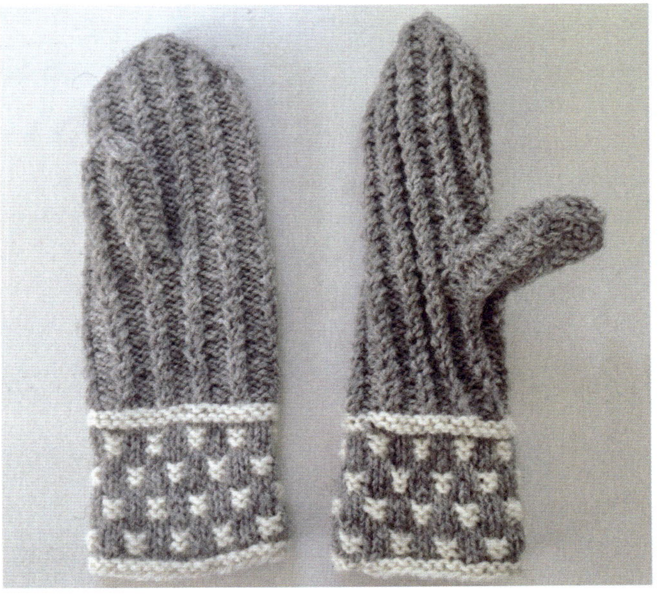

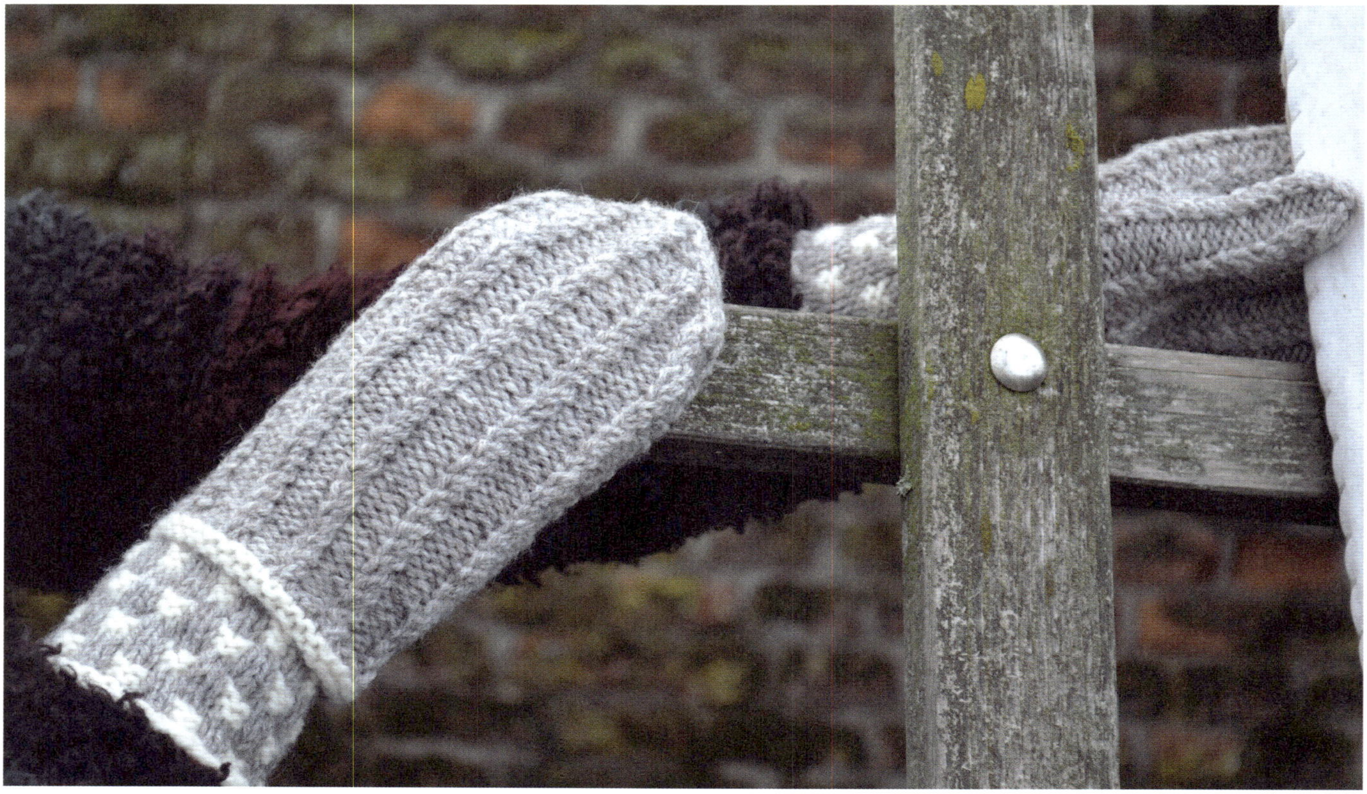

Daumenkeil

Stricken Sie bis zur ersten Masche des Daumenkeils. Dies wird im Zählmuster des Fäustlings durch Kästchen mit den Buchstaben L (R) angezeigt. Fädeln Sie die nächsten 8 Maschen, die den Daumenkeil bilden werden, mithilfe einer Stopfnadel auf ein Stückchen Restgarn auf. Schlagen Sie 8 neue Maschen für die Innenseite des Daumens an. Dies sind die Maschen in den mit L (R) markierten Kästchen. Beim Anschlagen der Maschen muss man keine Rücksicht auf das Muster nehmen. Stricken Sie die restlichen Maschen der Runde. Der Daumenkeil ist nun eine Art Knopfloch, an das nachher der Daumen gestrickt wird.
Stricken Sie nach dem Daumenkeil nach Mustervorlage weiter bis zur ersten Runde der Abnahmen oder bis die Spitze des kleinen Fingers bedeckt ist.

Abnahmen für die Fäustlingspitze

Nehmen Sie Maschen ab wie im Zählmuster «Hand» angegeben, bis Sie insgesamt 8 Maschen übrig haben. Schneiden Sie das Garn ab und fädeln Sie es durch das Öhr einer Stopfnadel. Führen Sie die Stopfnadel durch alle Maschen auf den Stricknadeln, ziehen Sie den Faden an und vernähen Sie ihn fest an der Innenseite des Daumens.

ACHTUNG

Wenn der Fäustling zu kurz oder zu lang ist (die Spitze des kleinen Fingers muss bedeckt sein), stricken Sie einige zusätzliche Runden oder nehmen Sie Maschen ab. Wenn dies der Fall ist, achten Sie darauf, dass das Muster beim Stricken der Oberseite des Fäustlings gleichmäßig verläuft.

Daumen

Beginnen Sie die Runde an der rechten Seite des Daumenkeils.

Übertragen Sie die 8 Maschen für den Daumen vom Baumwollfaden auf 2 Stricknadeln. Binden Sie den Arbeitsfaden an und stricken Sie diese Maschen nach Muster. Nehmen Sie mit einer dritten und vierten Nadel und dem Arbeitsfaden 8 Maschen aus den neu angeschlagenen Maschen der Hand auf (= 16 M).

Stricken Sie ab Runde 2 des Zählmusters «Daumen» weiter. Stricken Sie den Daumen gemäß Zählmuster bis zur angegebenen Länge oder bis zur Höhe der Mitte des Daumennagels. Stricken Sie bei Bedarf ein paar Runden mehr oder auch weniger. Nehmen Sie nun die Maschen wie bei der Oberseite des Fäustlings ab. Es bleiben 4 Maschen übrig. Schneiden Sie den Faden ab und fädeln Sie ihn durch das Öhr einer Stopfnadel. Führen Sie die Stopfnadel durch alle Maschen auf den Stricknadeln, ziehen Sie den Faden an und vernähen Sie ihn fest an der Innenseite des Daumens.

Vorgehensweise rechter Fäustling

Der rechte Fäustling wird auf die gleiche Weise gestrickt wie der linke Fäustling, aber folgen Sie der Zählmustervorlage für den rechten Daumen.

Verarbeitung

Vernähen Sie alle Fadenenden. Waschen Sie die Fäustlinge und spannen Sie diese auf die gewünschte Größe oder benutzen sie dazu spezielle Fäustlingsspanner.

TIPP

Nehmen Sie ggf. am Anfang von Nadel 3 und am Ende von Nadel 4 eine Masche aus den Ecken auf und nehmen Sie diese 2 zusätzlichen Maschen in der nächsten Runde wie folgt ab: Machen Sie eine SSK am Anfang von Nadel 3 und stricken Sie die letzten 2 Maschen von Nadel 4 rechts zusammen (dadurch wird das Loch, das oft an den Ecken entsteht, geschlossen).

Zählmuster Fäustlinge Lutjebroek

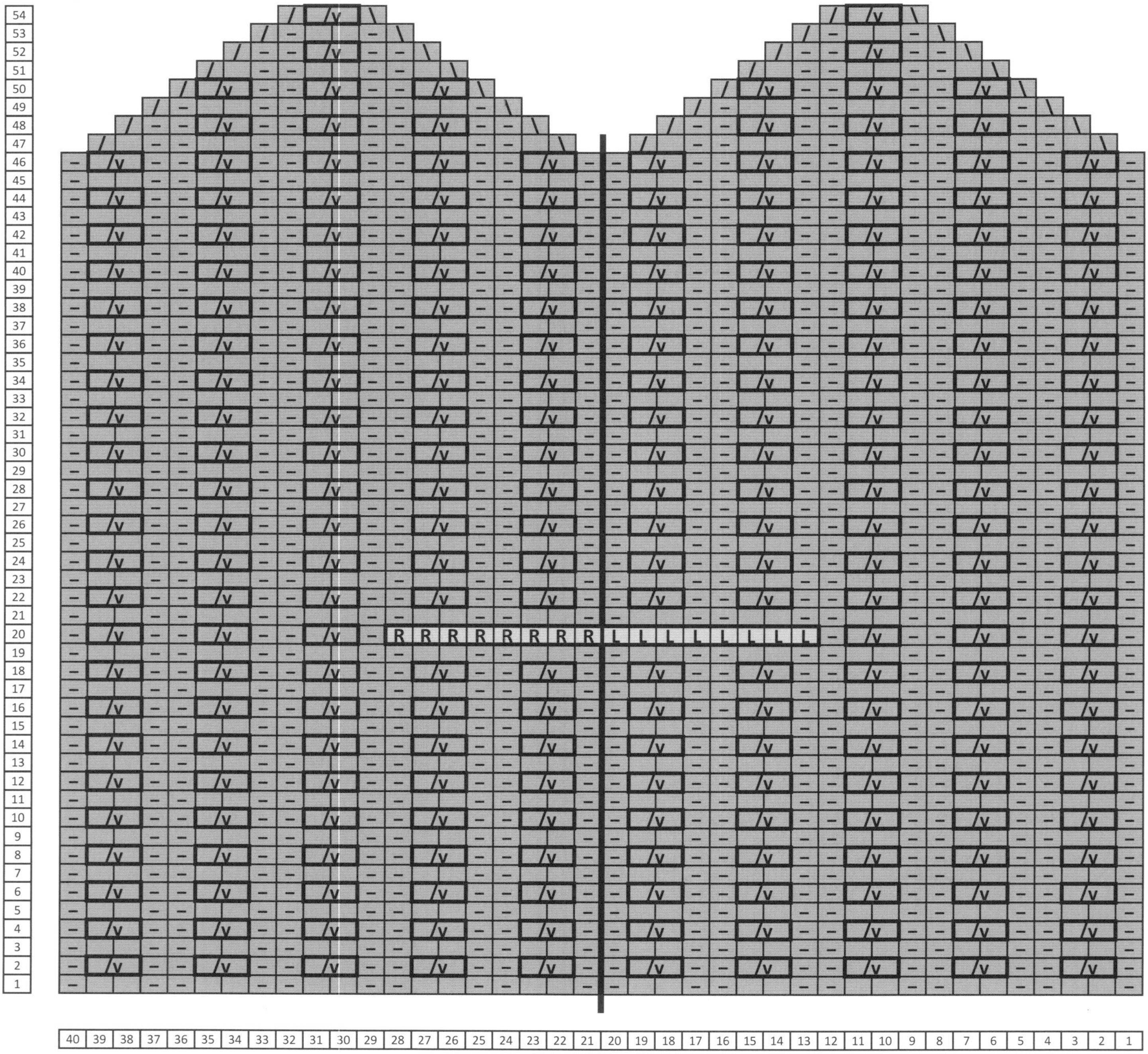

Hand

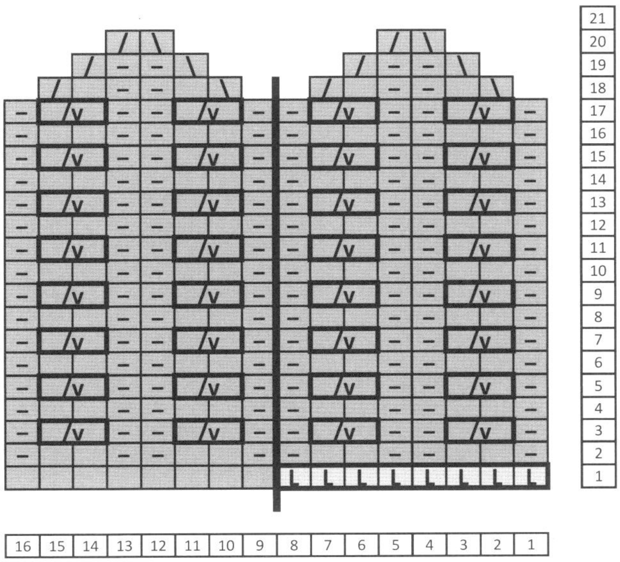

Linker Daumen

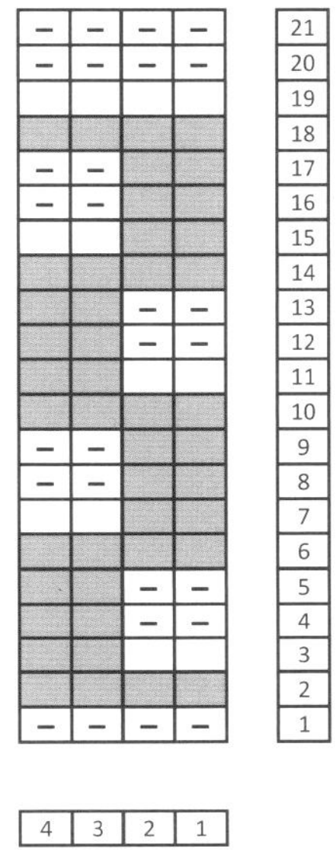

Musterwiederholung Bündchen

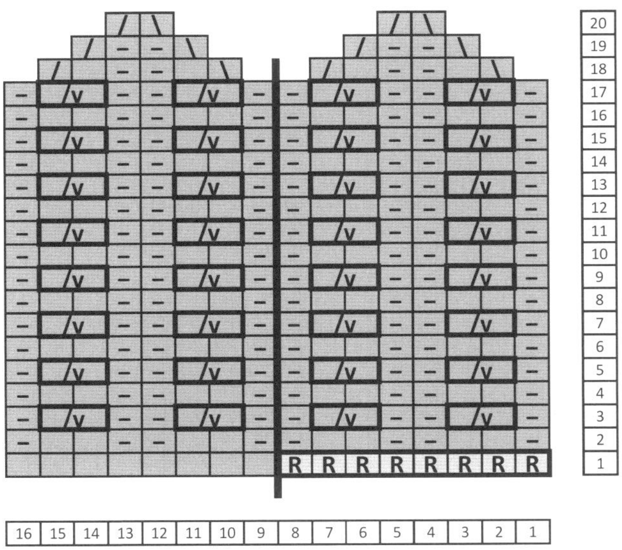

Rechter Daumen

- Hellgrau
- Links mit Hellgrau
- Wollweiß
- Links mit Wollweiß
- 1 Masche nach rechts kreuzen
- Stricken Sie 2 Maschen rechts zusammen, nicht heruntergleiten lassen. Stricken Sie die erste Masche nochmals rechts, nun beide Maschen heruntergleiten lassen)
- SSK (heben Sie 1 Masche rechts ab, heben Sie noch eine Masche rechts ab, stechen Sie die linke Nadel von vorne von links nach rechts durch diese 2 Maschen und stricken Sie sie zusammen)
- Maschen, die den Daumenkeil des linken Fäustlings bilden
- Maschen, die den Daumenkeil des rechten Fäustlings bilden

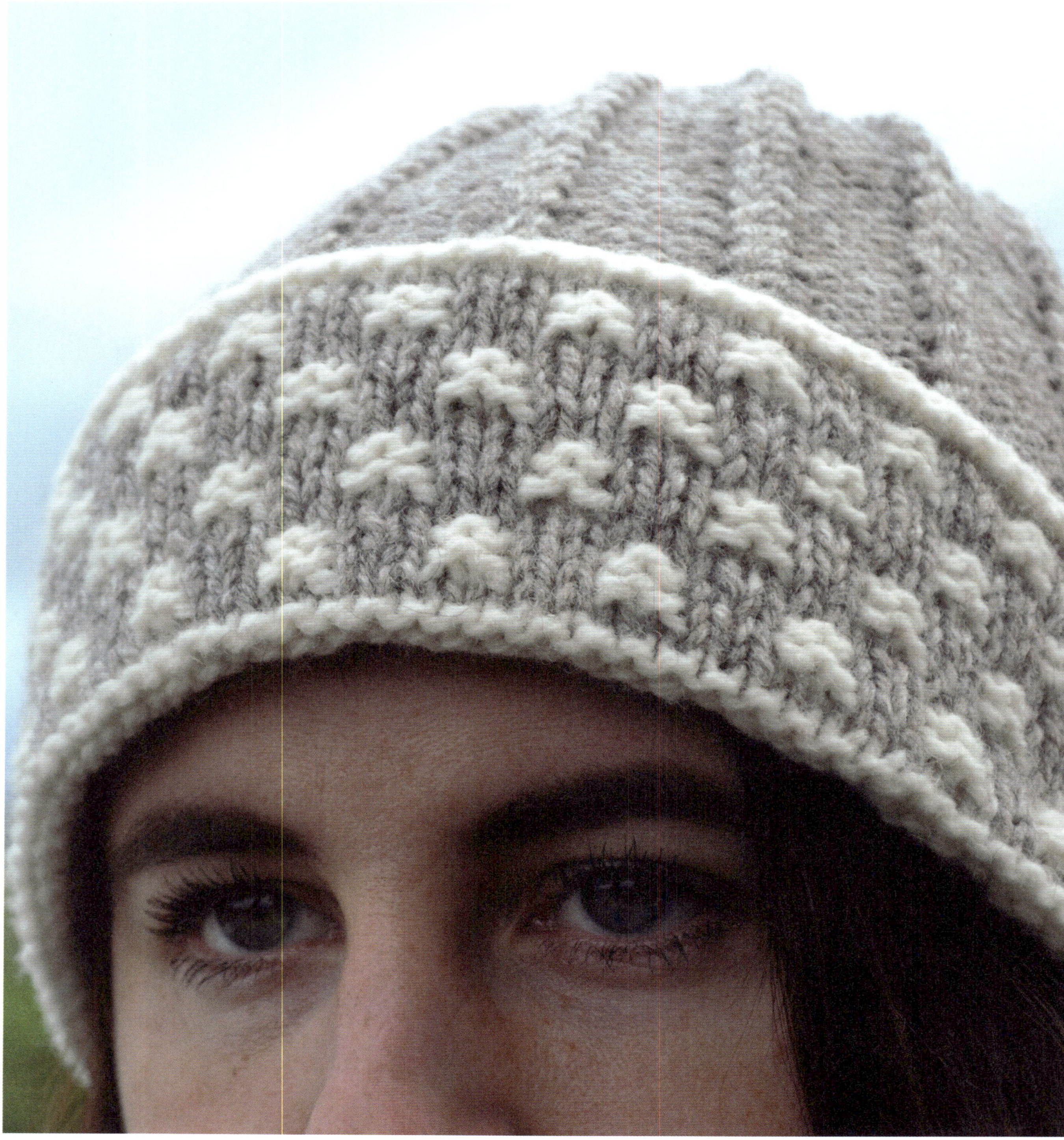

Mütze

Material
Schaapjeswol Lutjebroek
100 g Hellgrau
100 g Wollweiß
Rundstricknadel 4 mm - 40 cm
5er-Set Sockennadeln 4 mm
Maschenmarkierer

Größe
Umfang ± 52 cm, Höhe 23 cm

Maschenprobe vor dem Spannen
Farbarbeit:
20 Maschen x 23 Reihen
= 10 x 10 cm (vor dem Spannen)
Kordelrippenmuster:
22 Maschen und 27 Reihen
= 10 x 10 cm (vor dem Spannen)
Kordelrippenmuster:
20 Maschen und 27 Reihen
= 10 x 10 cm (nach dem Spannen)
Passen Sie, falls nötig, die Nadelstärke an, um das richtige Maschenverhältnis zu erhalten.

Vorgehensweise

Schlagen Sie 96 Maschen mit Weiß und Rundstricknadel 4 mm an. Schließen Sie die Runde, achten Sie darauf, dass keine Verdrehung im Anschlag vorliegt und stricken Sie im Kreis. Markieren Sie den Anfang der Runde. Fahren Sie mit dem Zählmuster «Musterwiederholung Umschlag» fort. Drehen Sie die Arbeit nach Runde 21 auf links und stricken Sie mit Grau eine Runde links zurück über die vorherige Runde. Drehen Sie die Arbeit nicht mehr um, sondern fahren Sie auf der «falschen Seite» fort. Die falsche Seite ist von nun an die richtige Seite. Wenn die Mütze fertig ist, wird der Rand umgeschlagen, sodass ein Umschlag über dem Mützenrand entsteht.
Stricken Sie 14 Runden im 2/2 Rippenmuster (abwechselnd 2 rechte Maschen, 2 linke Maschen). Fahren Sie mit dem Zählmuster «Musterwiederholung Kordelrippen» fort. Wiederholen Sie die 2 Runden der Musterwiederholung bis zu einer Höhe von 14 cm, gemessen vom Anfang des Kordelrippenmusters, und schließen Sie noch 1 x mit der 1. Runde des Zählmusters ab.

Beginnen Sie nun mit den Abnahmen für den oberen Teil der Mütze wie folgt (verwenden Sie Sockennadeln, wenn die Arbeit nicht mehr auf die Rundstricknadel passt): Stricken Sie in der nächsten Runde jeweils die zweite und dritte linke Masche (das sind die Maschen 4 und 5 der Musterwiederholung) zwischen den Kordeln links zusammen (= 80 M). Stricken Sie dann 1 Runde, ohne Abnahmen zu machen, aber machen Sie in dieser Runde weiter mit den Kordelrippen. Stricken Sie nun jeweils die erste und zweite linke Masche zwischen den Kordelrippen zusammen (= 64 M). Stricken Sie 1 Runde ohne Abnahmen, aber machen Sie weiter mit den Kordelrippen. Stricken Sie nun jeweils die 2 verbleibenden linken Maschen zwischen den Kordelrippen zusammen (= 48 M). Stricken Sie 1 Runde ohne Abnahmen, fahren mit den Kordelrippen aber fort.
Nächste Runde: Stricken Sie 2 Maschen rechts, * stricken Sie die linke Masche rechts mit der folgenden rechten Masche zusammen (dies ist die erste Masche der Kordelrippe), stricken Sie 1 Masche rechts (dies ist

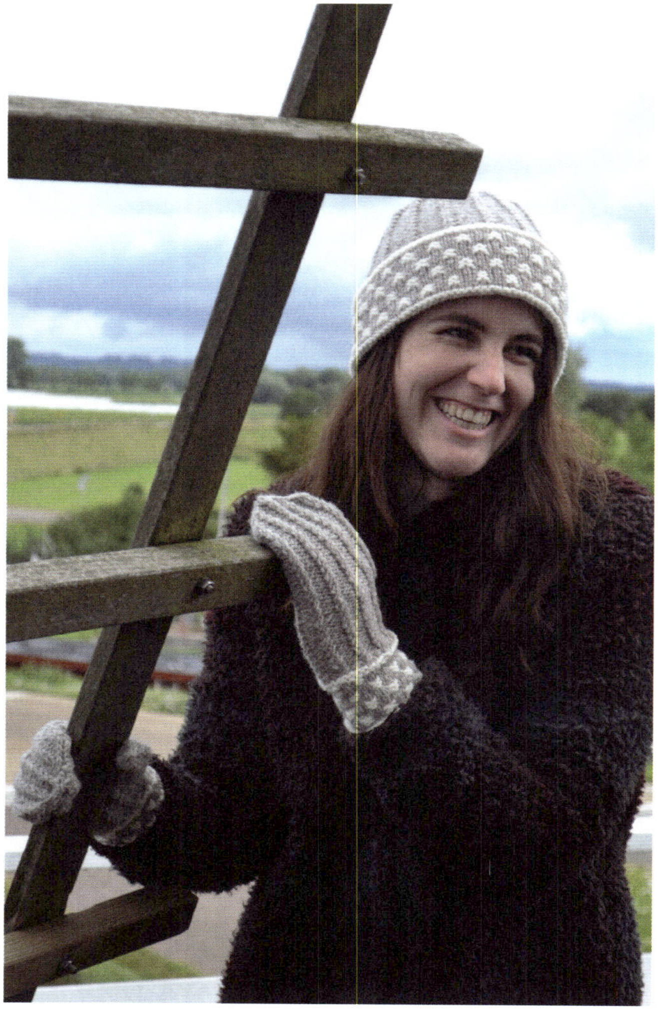

die zweite Masche der Kordelrippe). *Wiederholen Sie von * bis * und stricken Sie die letzte linke Masche mit der ersten rechten Masche der Runde zusammen (= 32 M). Setzen Sie diese letzte Masche der Runde wieder auf die linke Nadel zurück. Stricken Sie 1 Runde ohne Abnahmen, fahren mit den Kordelrippen aber fort. Stricken Sie in der nächsten Runde jeweils 2 Maschen rechts zusammen (= 16 M). Schneiden Sie den Faden auf eine Länge von ca. 30 cm ab und ziehen Sie ihn durch die 16 verbleibenden Maschen. Vernähen Sie das Garn an der Innenseite der Mütze.

Verarbeitung

Vernähen Sie alle Fadenenden. Waschen Sie die Mütze. Drehen Sie den Umschlag über die Borte der Mütze und spannen Sie die Mütze auf Maß oder ziehen Sie sie über eine geeignete Kugelform.

Zählmuster Mütze

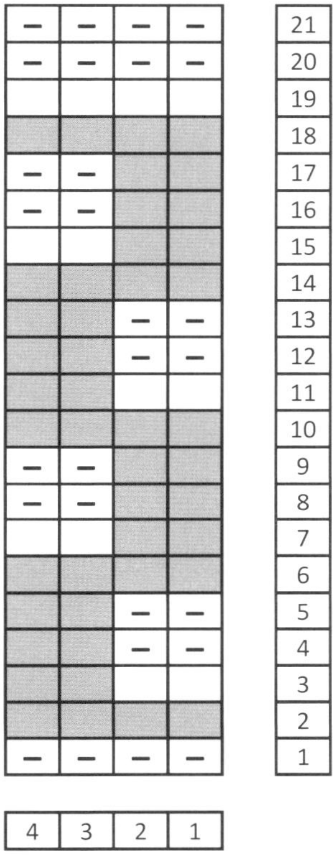

Musterwiederholung Umschlag

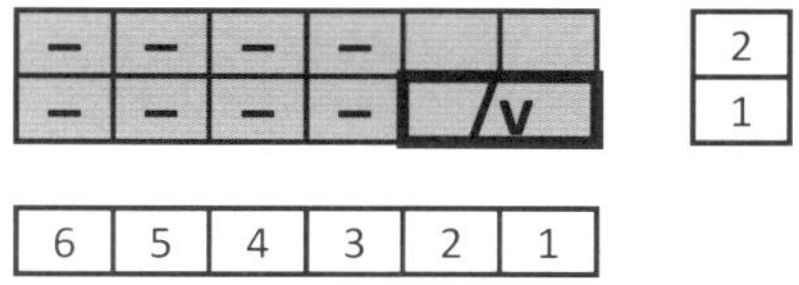

Musterwiederholung Kordelrippen

Hellgrau

Links mit Hellgrau

Wollweiß

Links mit Wollweiß

1 Masche nach rechts kreuzen (stricken Sie 2 Maschen rechts zusammen, nicht heruntergleiten lassen. Stricken Sie die erste Masche nochmals rechts, nun beide Maschen heruntergleiten lassen).

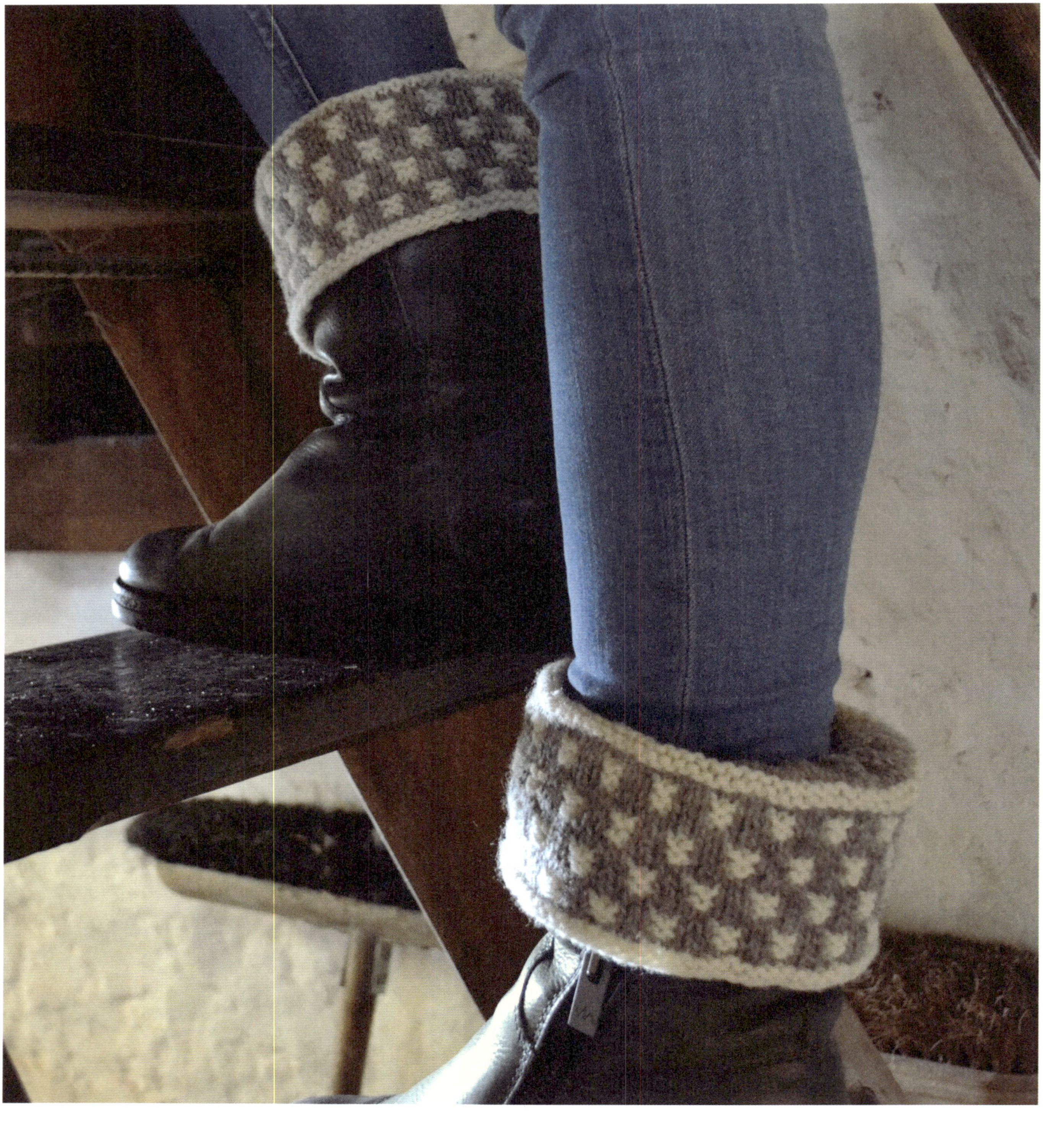

Stiefelmanschetten

Material
Schaapjeswol Lutjebroek
100 g Hellgrau
100 g Wollweiß
Rundstricknadel 4 mm - 40 cm
und / oder
5er-Set Sockennadeln 4 mm
Maschenmarkierer

Maschenprobe
Farbarbeit:
20 Maschen x 23 Reihen
= 10 x 10 cm (vor dem Spannen)
Rippenmuster:
22 Maschen x 28 Reihen
= 10 x 10 cm (vor dem Spannen)
Passen Sie, falls nötig, die Nadelstärke an, um das richtige Maschenverhältnis zu erhalten.

Größe
Umfang 38 cm
Höhe Umschlag 8 cm
Totale Länge mit Bündchen 19 cm

Vorgehensweise

Schlagen Sie 76 Maschen mit Wollweiß und Rundstricknadel 4 mm an. Schließen Sie die Runde, vergewissern Sie sich, dass keine Verdrehung im Anschlag vorliegt und stricken Sie im Kreis. Markieren Sie den Anfang der Runde mit einem Maschenmarkierer. Fahren Sie mit dem Zählmuster «Musterwiederholung Umschlag» (s. S. 57) fort. Wechseln Sie nach der 21. Runde des Zählmusters auf Sockennadeln und stricken Sie mit Grau weiter. Stricken Sie 5 Runden rechts und nehmen Sie gleichzeitig 8 Maschen gleichmäßig verteilt über die erste Runde ab (= 68 M). Stricken Sie dann 10 cm im 2/2 Rippenmuster (abwechselnd 2 Maschen rechts, 2 Maschen links). Ketten Sie nach der letzten Runde die Maschen locker ab.
Stricken Sie die zweite Stiefelmanschette auf gleiche Weise.

HINWEIS
Das Muster für den Umschlag der Stiefelmanschetten ist das gleiche wie für die Mütze auf Seite 57.

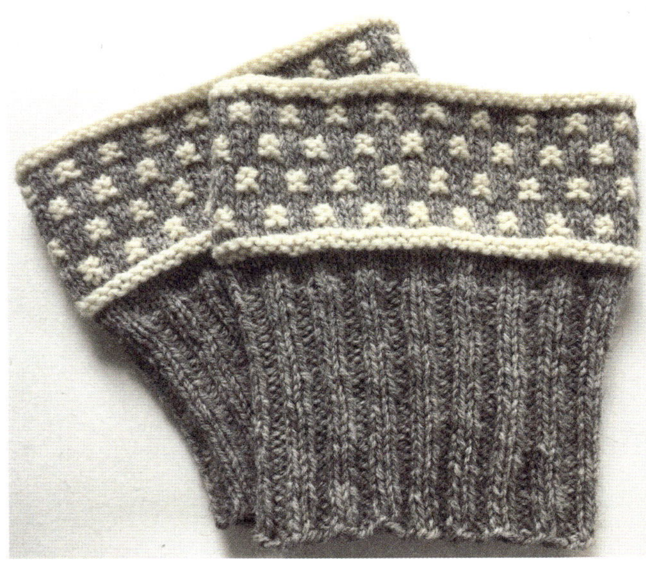

Verarbeitung

Vernähen Sie alle Fadenenden. Waschen Sie die Stiefelmanschetten und spannen Sie sie auf Maß.

Socken

Material
Schaapjeswol Lutjebroek
100 g Dunkelgrau
Schaapjeswol Utrechtse Heuvelrug
100 g Gold
5er-Set Sockennadeln 3,5 mm

Maschenprobe
20 Maschen und 28 Reihen = 10 x 10 cm
Passen Sie, falls nötig, die Nadelstärke an, um das richtige Maschenverhältnis zu erhalten.

Größe
Damen 38 / 39 - Die Größe kann angepasst werden, indem der Fuß kürzer oder länger gestrickt wird, d.h. von minimal ca. Größe 36 bis maximal ca. Größe 42 (Verwenden Sie die dementsprechende Menge Garn).

Vorgehensweise

Bündchen

Schlagen Sie 44 Maschen locker mit Dunkelgrau an. Verteilen Sie die Maschen gleichmäßig auf die 4 Nadeln (11 Maschen pro Nadel). Schließen Sie die Runde, achten Sie darauf, dass keine Verdrehung im Anschlag vorliegt und stricken Sie im Kreis. Stricken Sie 14 Runden im 2/2 Rippenmuster (2 Maschen rechts, 2 Maschen links).

Schaft

Stricken Sie 4 Runden rechts mit Grau. * Stricken Sie 1 Runde rechts und 1 Runde links mit Gold. Stricken Sie 2 Runden rechts mit Grau. * Wiederholen Sie noch 3 x von * bis *. Stricken Sie weiter mit Grau bis zu einer Gesamthöhe von 19 cm. Dies sind ± 24 Runden ab der letzten gelben Rippe.

Ferse (Fersenwand)

Ab diesem Arbeitsschritt werden die Maschen des oberen Fußes (zweite und dritte Nadel) nicht gestrickt. Die Maschen der ersten und vierten Nadel werden zusammen auf eine Nadel gelegt und hin und her gestrickt, um die Fersenwand zu fertigen.

Stricken Sie die 11 Maschen der ersten Nadel rechts. Drehen Sie die Arbeit um. Stricken Sie weiter mit Gold. Stricken Sie 22 Maschen links (11 Maschen von der ersten Nadel und 11 Maschen von der vierten Nadel). Die Maschen der ersten und vierten Nadel liegen jetzt zusammen auf einer Nadel.).
Drehen Sie die Arbeit um.
* Heben Sie die erste Masche links ab, stricken Sie 21 Maschen rechts. Drehen Sie die Arbeit um. Heben Sie die erste Masche links ab, stricken Sie 21 Maschen links. *
Drehen Sie die Arbeit um.
Wiederholen Sie dies 9 x von * bis *.

Käppchen

Die große Ferse (Fersenwand) ist jetzt gestrickt. Stricken Sie weiter über die gleichen Fersenmaschen und lassen Sie die oberen Fußmaschen, die sich auf Nadel 2 und 3 befinden, weiterhin ruhen.

Heben Sie die erste Masche links ab, stricken Sie 12 Maschen rechts, stricken Sie 2 Maschen durch eine SSK zusammen (1 Masche rechts abheben, 1 weitere Masche rechts abheben, die linke Nadel von links nach rechts durch diese 2 Maschen stechen und zusammenstricken) und stricken Sie 1 weitere Masche rechts. Lassen Sie die restlichen Maschen auf der Nadel ruhen und drehen Sie die Arbeit um. Heben Sie die

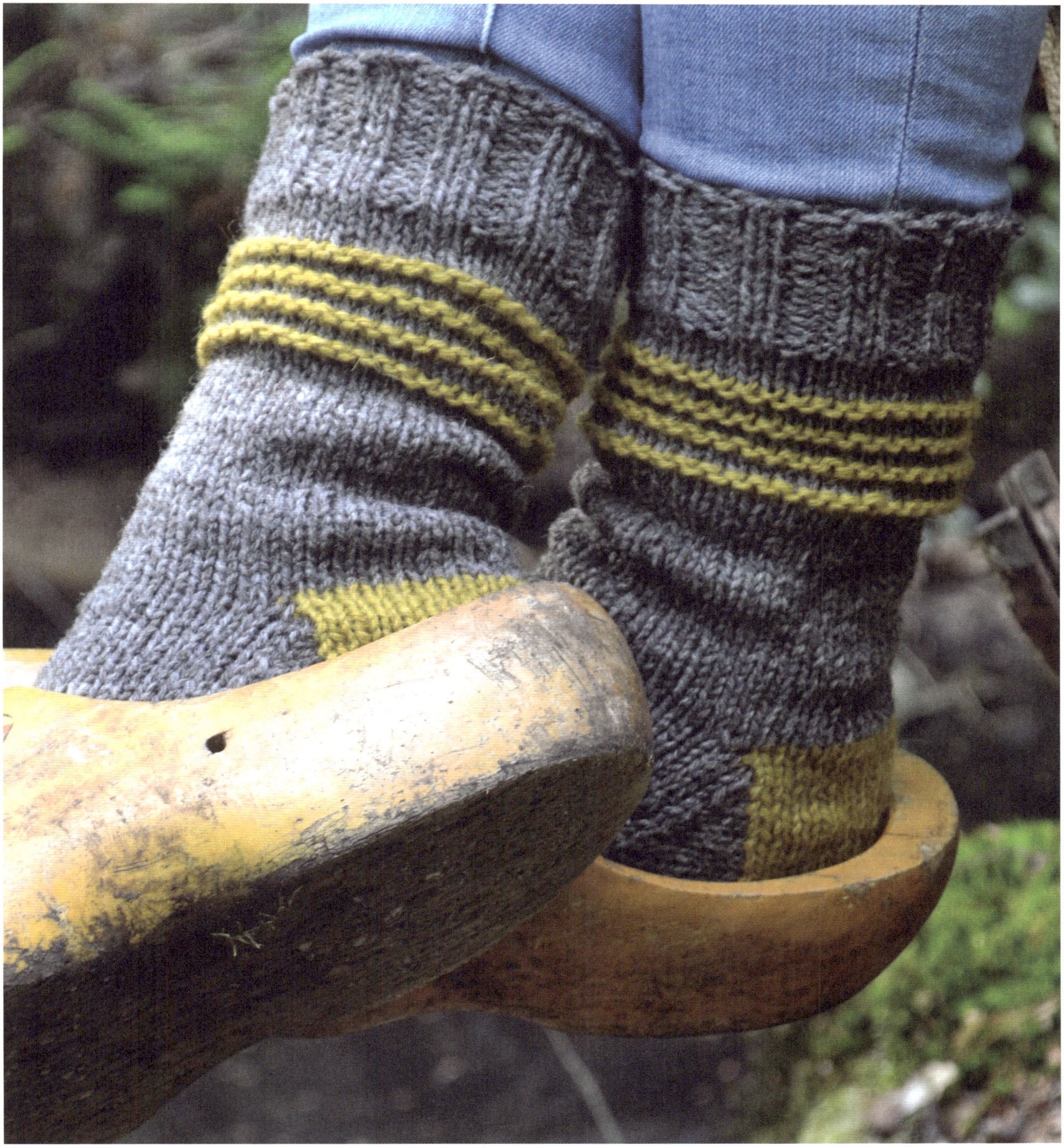

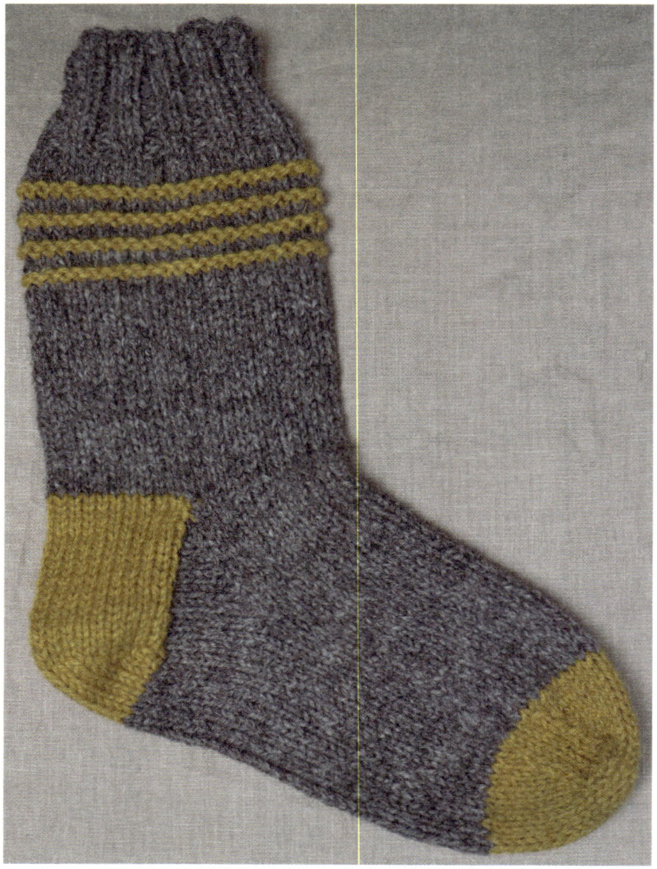

erste Masche links ab, stricken Sie 5 Maschen links, stricken Sie 2 Maschen links zusammen, stricken Sie noch 1 Masche links. Lassen Sie die restlichen Maschen auf der Nadel ruhen und wenden Sie die Arbeit.
Heben Sie die erste Masche links ab, stricken Sie rechts bis 1 Masche vor der Lücke auf der Nadel (das sind 6 Maschen), machen Sie eine SSK und stricken Sie noch 1 Masche rechts. Wenden Sie die Arbeit.
Heben Sie die erste Masche links ab, stricken Sie links bis 1 Masche vor der Lücke auf der Nadel (das sind 7 Maschen), stricken Sie 2 Maschen links zusammen, stricken Sie noch 1 Masche links. Wenden Sie die Arbeit.
Wiederholen Sie diese 2 Runden, aber aufgepasst: Zwischen der ersten Masche auf der Nadel und dem Zusammenstricken von 2 Maschen liegt jeweils eine weitere Masche. Machen Sie so weiter, bis alle restlichen Maschen weg sind und noch 14 Maschen auf der Nadel liegen.

Fuß und Fußspitze

Ab jetzt stricken Sie wieder im Kreis und es werden die Maschen des oberen Fußes (zweite und dritte Nadel) auch wieder gestrickt.

Wechseln Sie zu Grau. Stricken Sie 14 Maschen rechts. Nehmen Sie mit derselben Nadel 11 Maschen an der Seite der Ferse auf.
Stricken Sie die Maschen des oberen Fußes (zweite und dritte Nadel). Nehmen Sie auf einer vierten Nadel ebenfalls 11 Maschen entlang der anderen Seite der Ferse auf. Stricken Sie die Hälfte der Maschenzahl der Ferse (= 7 M) von der ersten Nadel auf die vierte Nadel. Die Runde ist nun geschlossen. Auf der ersten Nadel befinden sich 18 Maschen, auf der zweiten Nadel 11 Maschen, auf der dritten Nadel 11 Maschen und auf der vierten Nadel 18 Maschen.

Falls erforderlich, kann eine zusätzliche Masche aus dem Eckpunkt am Anfang der zweiten Nadel und dem Eckpunkt am Ende der dritten Nadel aufgenommen werden, um ein Loch an diesen Übergängen zu vermeiden. Stricken Sie diese Maschen mit der ersten Masche der zweiten Nadel bzw. der letzten Masche der dritten Nadel zusammen.

Maschen aufnehmen

Stechen Sie mit der Stricknadel von vorne nach hinten in das Gestrick, unmittelbar nach der ersten Masche (2 Schlaufen) auf der Fersenseite (das sind die 11 Maschen, die durch das Abheben der ersten Masche beim Stricken der Ferse entstanden sind), wickeln Sie den grauen Arbeitsfaden im Uhrzeigersinn um die Nadel und nehmen Sie die graue Schlaufe mit der Nadelspitze auf.

Runde 1: Stricken Sie die Maschen der ersten Nadel rechts bis 3 Maschen vor dem Ende, stricken Sie 2 Maschen rechts zusammen, stricken Sie 1 Masche rechts. Stricken Sie die Maschen der zweiten und dritten Nadel. Stricken Sie die erste Masche der vierten Nadel rechts, machen Sie eine SSK, stricken Sie die restlichen Maschen der Nadel rechts.
Runde 2: Stricken Sie alle Maschen der Runde ohne Abnahmen. Wiederholen Sie diese beiden Runden, bis die Gesamtzahl der Maschen wieder 44 beträgt (11 Maschen pro Nadel).
Stricken Sie weiter über diese 44 Maschen, bis die Gesamtlänge des Fußes 19,5 cm beträgt. Die Größe kann angepasst werden, indem der Fuß länger oder kürzer gestrickt wird. Die Länge der Zehe beträgt ± 4 cm.

Zehen

Wechseln Sie am Anfang der Runde zu Gold. Stricken Sie 2 Runden rechts und beginnen Sie dann mit den Abnahmen für die Zehenspitze wie folgt:
Runde 1: Stricken Sie die Maschen der ersten und dritten Nadel rechts bis 3 Maschen vor dem Ende, stricken Sie 2 Maschen rechts zusammen, stricken Sie 1 Masche rechts. Stricken Sie die erste Masche der zweiten und vierten Nadel rechts, machen Sie eine SSK, stricken Sie die restlichen Maschen der Nadel rechts.
Runde 2: Stricken Sie alle Maschen der Runde rechts ohne Abnahmen.
Wiederholen Sie diese 2 Runden noch 2 x. Wiederholen Sie nun Runde 1, bis Sie 16 Maschen übrig haben. Stricken Sie die 4 Maschen von Nadel 1. Setzen Sie die Maschen von Nadel 2 und 3 zusammen auf eine Nadel und die Maschen von Nadel 1 und 4 auf eine Nadel. Schneiden Sie den Faden auf eine Länge von ± 50 cm ab. Legen Sie die 2 Nadeln mit je 8 Maschen parallel zueinander (rechte Seite der Socken außen) und verbinden Sie die Maschen sauber miteinander. Die unsichtbarste Methode dafür ist der Kitchener-Stich. Informationen über den Kitchener-Stich finden Sie im Internet.

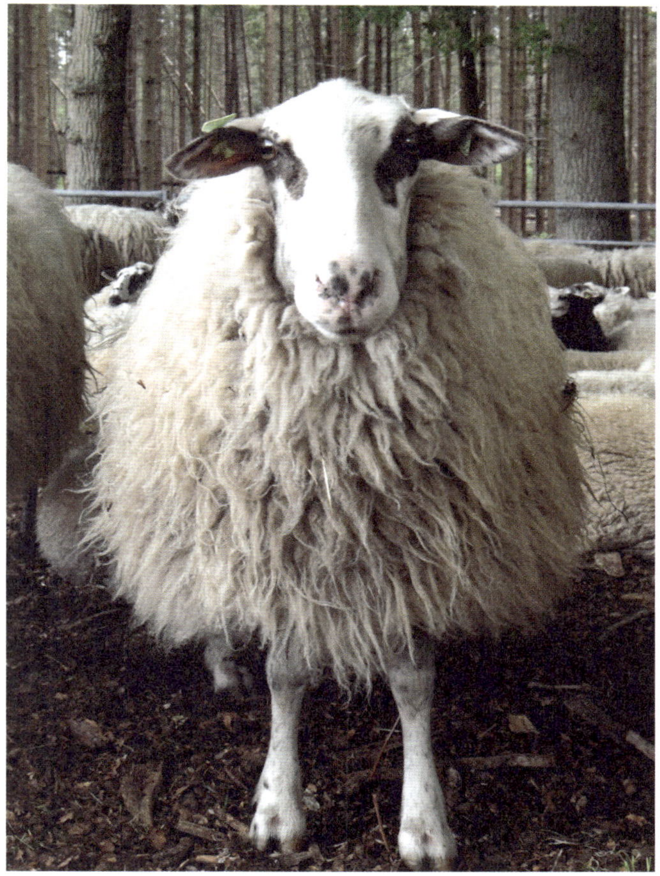

Verarbeitung

Vernähen Sie alle Fadenenden. Waschen Sie die Socken und lassen Sie sie auf Maß trocknen.

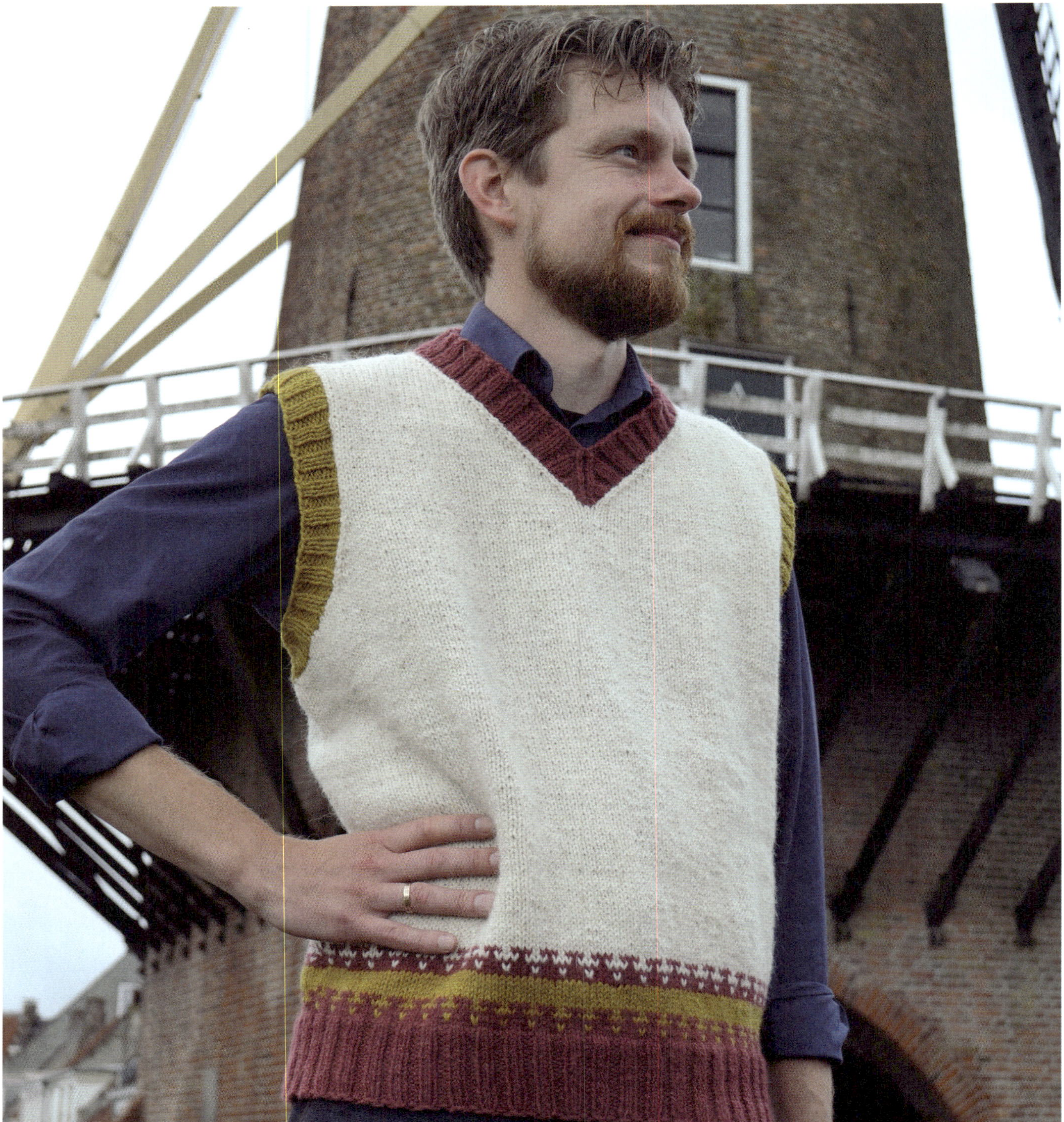

Pullunder

Material
Schaapjeswol Utrechtse Heuvelrug
300 g Natur
100 g Gold
100 g Ochsenblut
Rundstricknadeln 3,5 mm - 40 cm
und 100 cm und 4 mm - 100 cm
Maschenmarkierer

Größe Herren S (M) L

Maschenprobe
20 Maschen und 27 Reihen
= 10 x 10 cm
Passen Sie, falls nötig, die Nadelstärke an, um das richtige Maschenverhältnis zu erhalten.

Maße
Umfang: 106 (114) 120 cm
Gesamtlänge: 65 (66) 67 cm

Vorgehensweise

Schlagen Sie 208 (224) 240 Maschen mit Ochsenblut und Rundstricknadel 3,5 mm an. Schließen Sie die Runde, achten Sie darauf, dass keine Verdrehung im Anschlag vorliegt und stricken Sie im Kreis. Stricken Sie 18 Reihen im 2/2 Rippenmuster (2 Maschen rechts, 2 Maschen links).
Wechseln Sie auf die Rundstricknadel 4 mm und nehmen Sie in der ersten Reihe, gleichmäßig über die Runde verteilt, 4 Maschen = 212 (228) 244 Maschen zu. Setzen Sie zu Beginn der Runde und nach 106 (114) 122 Maschen eine Maschenmarkierung, um die Seitennähte zu kennzeichnen. Stricken Sie nach dem Zählmuster «Musterwiederholung Borte». Nach Runde 15 des Zählmusters fahren Sie mit Natur fort und stricken bis zu einer Gesamthöhe von 38 (38,5) 39 cm (oder bis zur gewünschten Länge).

Rückenteil und Armlöcher
Von diesem Punkt an stricken Sie hin und her über die ersten 106 (114) 122 Maschen. Dies sind die Maschen des Rückenteils. Lassen Sie die Maschen des Vorderteils ruhen.
Ketten Sie 4 (6) 8 Maschen am Anfang der nächsten 2 Reihen ab. Ketten Sie dann am Anfang jeder Reihe 3 x 2 (4 x 2) 4 x 2 Maschen ab. Nehmen Sie dann 7 (6) 7 x auf jeder Seite der Vorderseite der Arbeit ab wie folgt: Stricken Sie 1 Masche rechts, machen Sie eine SSK (heben Sie 1 Masche rechts ab, heben Sie 1 weitere Masche rechts ab, führen Sie die linke Nadel vorne von links nach rechts durch diese 2 Maschen und stricken Sie sie zusammen), stricken Sie bis zu den letzten 3 Maschen, stricken Sie 2 Maschen rechts zusammen und schließen Sie mit 1 Masche rechts ab. Stricken Sie die linken Reihen ohne Abnahmen. Nach allen Armlochabnahmen beträgt die Gesamtzahl der Maschen 72 (74) 76. Für eine Gesamt-Armlochhöhe beidseits von 25 (25,5) 26 cm ketten Sie am Anfang jeder Reihe 1 x 5, 2 x 6 für Größe S, 1 x 5, 1 x 6, 1 x 7 für Größe M und 1 x 5, 1 x 6, 1 x 7 für Größe L = 38 (38) 40 Maschen ab. Ketten Sie bei der nächsten Reihe auf der Vorderseite alle Maschen ab.

Vorderteil und Armlöcher
Setzen Sie die 106 (114) 122 Maschen des Vorderteils wieder auf die Nadel. Fertigen Sie die Armlöcher auf die gleiche Weise wie beim Rückenteil an. Beginnen Sie bei einer Armlochhöhe von ± 10 (10,5) 11 cm mit dem V-Ausschnitt. Bestimmen Sie die Mitte und stricken Sie jede Seite separat weiter.
Stricken Sie eine Reihe hin und her über die Maschen

auf der rechten Seite des Vorderteils, ohne abzunehmen. Nehmen Sie dann auf der rechten Seite der Arbeit an der Halsseite 19 (19) 20 x wie folgt ab: Stricken Sie 1 Masche rechts, machen Sie eine SSK, stricken Sie die Reihe ab.
Ketten Sie gleichzeitig in Armlochhöhe 25 (25,5) 26 cm am Anfang der Reihe auf der Seite der Armlöcher für Größe S 1 x 5, 2 x 6, für Größe M 1 x 5, 1 x 6, 1 x 7 und für Größe L 1 x 5, 1 x 6, 1 x 7, ab.
Befestigen Sie das Garn für die linke Seite des Vorderteils wieder und stricken Sie eine Reihe hin und her, ohne abzunehmen. Nehmen Sie dann jeweils auf der rechten Seite der Arbeit im Halsbereich 19 (19) (20) x wie folgt ab: Stricken Sie bis zu den letzten 3 Maschen, stricken Sie 2 Maschen rechts zusammen, stricken Sie die letzte Masche rechts.
Ketten Sie gleichzeitig in Armlochhöhe 25 (25,5) 26 cm am Anfang der Reihe auf der Seite der Armlöcher für Größe S 1 x 5, 2 x 6, für Größe M 1 x 5, 1 x 6, 1 x 7 und für Größe L 1 x 5, 1 x 6, 1 x 7 ab.

Halsbündchen

Nehmen Sie von der hinteren Mitte beginnend, entlang des Halsausschnitts, mit einer Rundstricknadel 3,5 mm - 40 cm und der Farbe Ochsenblut 124 (128) 128 Maschen auf. Achten Sie darauf, dass Sie 2 Maschen vorne mittig in der Spitze des V-Ausschnitts aufnehmen. Stricken Sie 1 Runde im 2/2 Rippenmuster. Beginnen und beenden Sie die Runde mit 1 Masche rechts, sodass die mittleren 2 Maschen in der V-Ausschnittspitze rechte Maschen sind.
Stricken Sie weiter im 2/2 Rippenmuster, nehmen Sie aber in jeder Reihe in der Mitte des Vorderteils 8 x wie folgt 2 Maschen ab:

– Stricken Sie die erste mittlere rechte Masche und die Masche vor der ersten mittleren rechten Masche zusammen.
– Stricken Sie die zweite mittlere Masche und die nächste Masche mittels einer überzogenen Abnahme oder SSK zusammen.

Zählmuster Pullunder

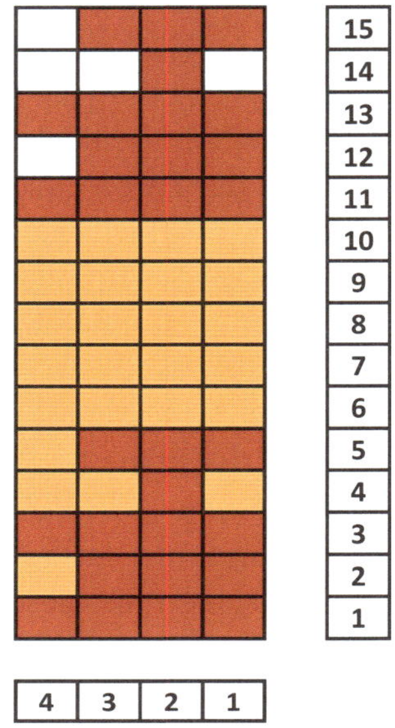

Musterwiederholung Borte

Ochsenblut
Gold
Natur

Ketten Sie nun alle Maschen im Muster ab. In der Mitte des Vorderteils läuft das 2/2 Rippenmuster wieder sauber durch.

Armlochbündchen

Nehmen Sie, beginnend in der Achselhöhle, mit der Rundstricknadel 3,5 mm - 40 cm und der Farbe Gold 112 (124) 136 Maschen entlang des Ärmellochs auf. Markieren Sie den Anfang der Runde. Stricken Sie 1 Runde im 2/2 Rippemuster, aber beginnen und beenden Sie die Runde mit 1 rechten Masche. Fahren Sie im 2/2 Rippenmuster fort und nehmen Sie gleichzeitig in der nächsten Runde am Anfang der Reihe 1 Masche mittels einer überzogenen Abnahme oder SSK ab und stricken Sie am Ende der Runde die letzten 2 Maschen rechts zusammen. Wiederholen Sie diese Abnahmen noch 3 x in jeder zweiten Runde. Stricken Sie noch eine Runde und ketten Sie dann alle Maschen im Muster ab. In der Achselhöhle setzt sich das 2/2 Rippenmuster sauber fort.

Verarbeitung

Vernähen Sie alle Fadenenden. Waschen Sie den Pullunder und spannen Sie ihn auf Maß.

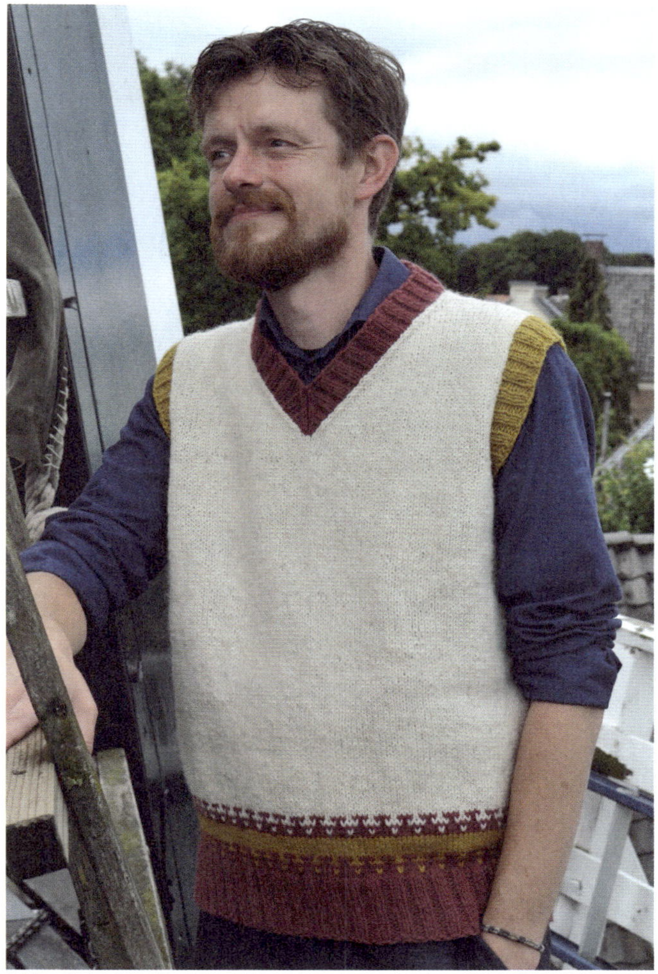

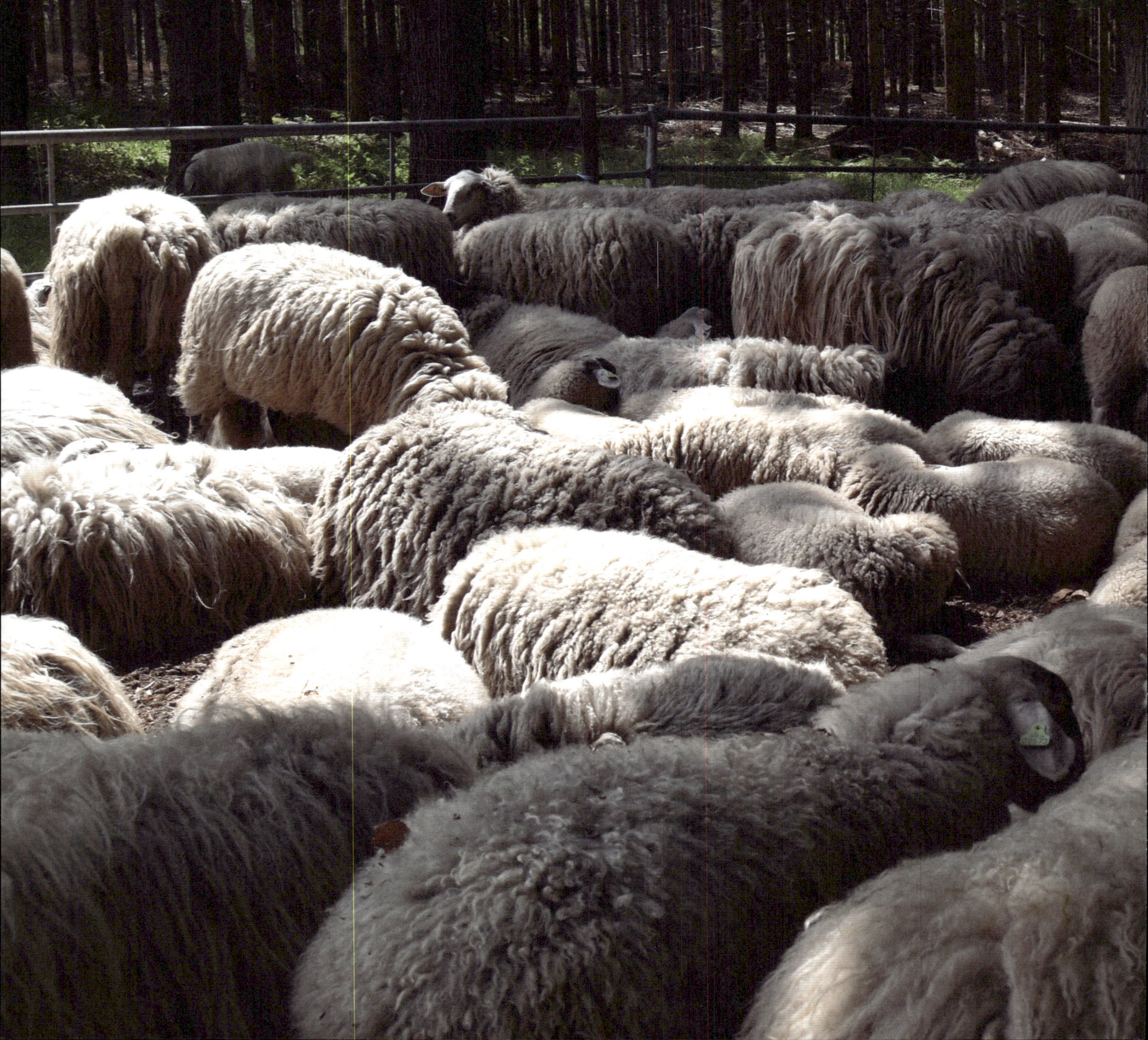

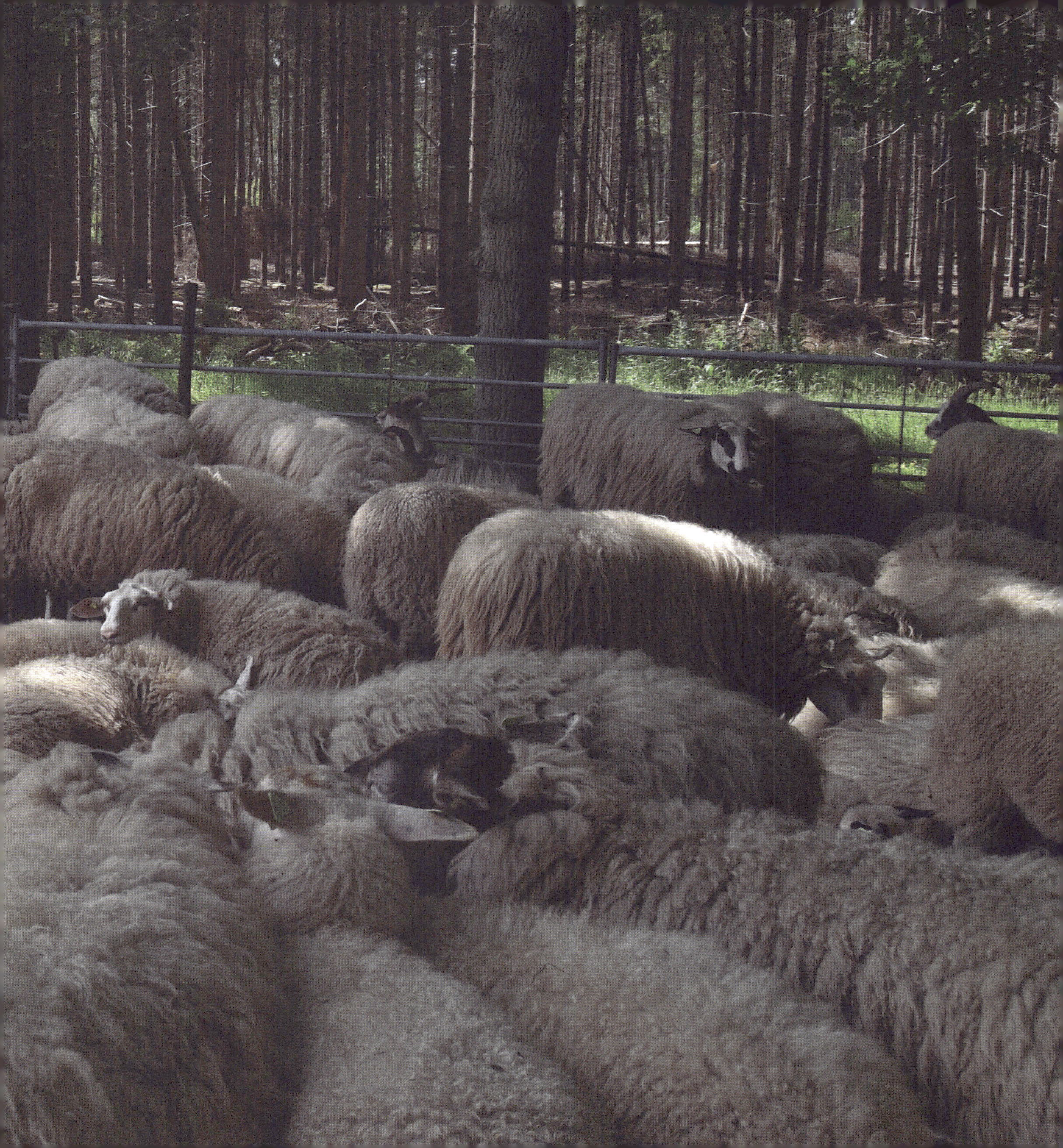

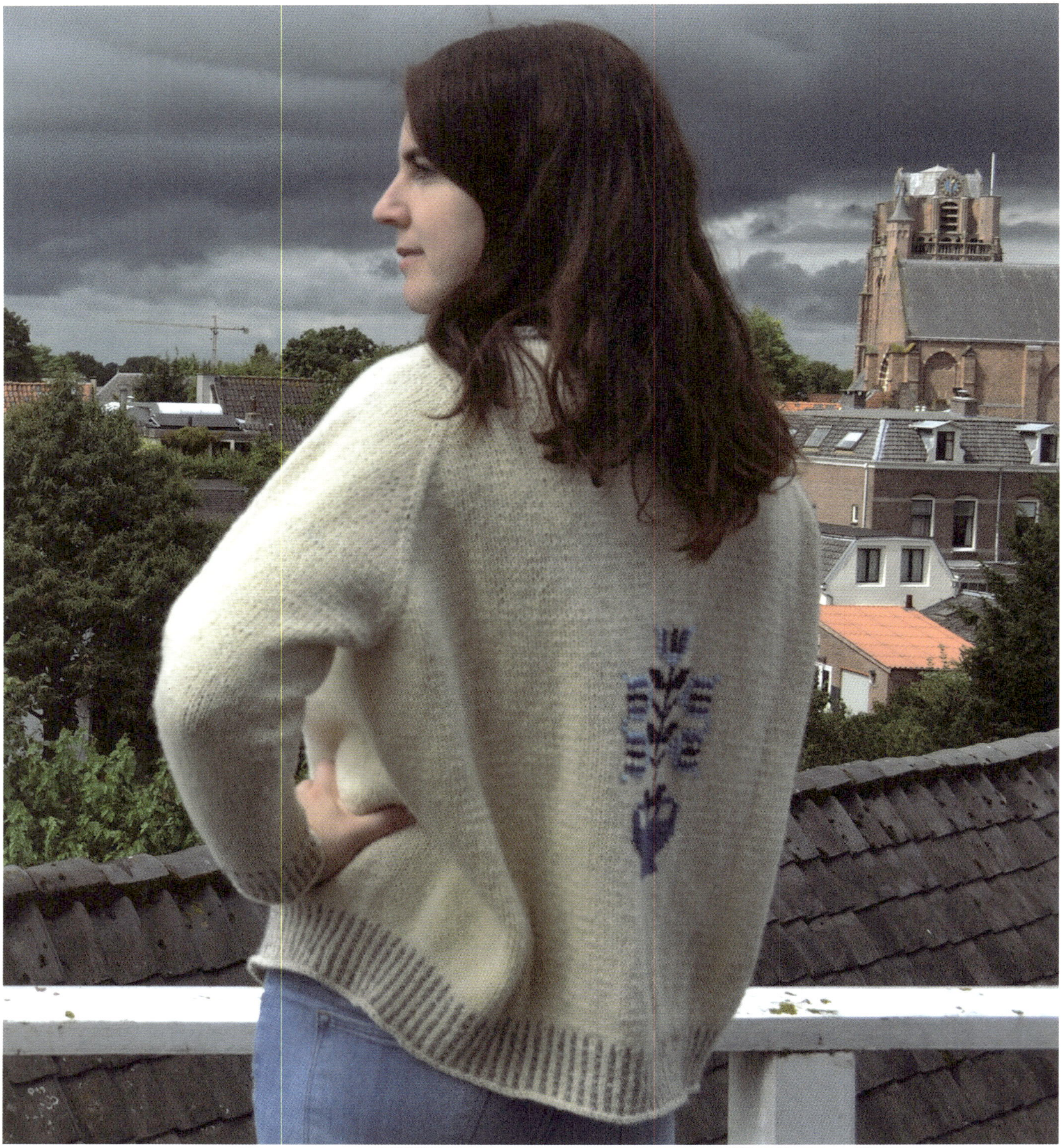

Tulpenjacke

Material
Schaapjeswol Lutjebroek
500 g Mittelgrau
100 g Wollweiß
oder
Schaapjeswol Lutjebroek
500 g Wollweiß
100 g Mittelgrau
Wollreste in der gleichen Dicke wie die Schaapjeswol für die Bestickung in den gewünschten Farben
Rundstricknadeln 5 mm
in den Längen 100 cm und 40 cm
Sockennadeln 5 mm
Maschenmarkierer

Maschenprobe
17 Maschen x 24 Reihen = 10 x 10 cm. Passen Sie, falls nötig, die Nadelstärke an, um das richtige Maschenverhältnis zu erhalten.

Maße
Breite 60 cm
Höhe 62 cm

Abkürzungen
Zun-re = Zunahme rechts:
Nehmen Sie die Schlaufe zwischen 2 Maschen auf und achten Sie darauf, dass die Vorderseite der Schlaufe nach rechts zeigt. Stechen Sie vorne in die Schlaufe ein und stricken Sie die Masche rechts.
Zun-li = Zunahme links:
Nehmen Sie die Schlaufe zwischen 2 Maschen auf und achten Sie darauf, dass die Vorderseite der Schlaufe nach links zeigt. Stechen Sie von hinten in die Masche ein und stricken Sie die Masche rechts.

Bei der Variante der Strickjacke in Schaapjeswol Wollweiß sind die im Muster genannten Farben vertauscht.

Vorgehensweise

Die Jacke wird von oben nach unten gestrickt.

Vorder- und Rückseite

Schlagen Sie 70 Maschen an. Stricken Sie glatt rechts hin und her und stricken Sie die erste Runde links. Setzen Sie in dieser ersten Reihe einen Maschenmarkierer: nach 13 M - 4 M - 36 M - 4 M - 13 M. Nehmen Sie in der nächsten Runde (das ist die rechte Seite) vor der letzten Masche und nach der ersten Masche jeder Markierung zu. Nehmen Sie aus einer Zwischenschlaufe, vor dem Marker *Zun-re* und nach dem Marker *Zun-li* auf. Machen Sie diese Zunahmen für die Raglans 30 x in jeder zweiten Runde. Nehmen Sie gleichzeitig auf beiden Vorderseiten in jeder 6. Runde, nach der ersten und vor der letzten Masche, 1 x aus einer Zwischenmasche auf und wiederholen Sie dies 7 x. Wenn der Raglan fertig ist, werden in der nächsten Runde die 64 Maschen zwischen der 1. und 2. und zwischen der 3. und 4. Markierung auf einen Hilfsfaden gelegt (dies sind die Schultern). Schlagen Sie gleichzeitig 6 neue Maschen für die Achsel an. Setzen Sie bei diesen 6 Maschen nach der 3. Masche einen Maschenmarkierer, das sind die imaginären Seitennähte. Machen Sie gleichzeitig in dieser Runde (rechte Seite) das erste Knopfloch über 2 Maschen und dies 2 Maschen vom Rand entfernt. (53 M + 102 M + 53 M). Stricken Sie 30 cm glatt rechts und fertigen Sie alle 6 cm ein Knopfloch. Setzen Sie gleichzeitig auf der anderen Seite dieser Runde eine Markierung, damit später die Knöpfe an dieser Stelle angenäht werden können. Stricken Sie die nächste Runde abwechselnd aus Mittelgrau und Wollweiß. Die ersten und letzten 2 Maschen der Runde werden immer mit Mittelgrau gearbeitet. Stricken Sie ab jetzt im Rippenmuster, wobei Wollweiß auf der rechten Seite immer links und Grau rechts gestrickt wird (gewellte Rippe). Stricken Sie 14 Runden mit gewellter Rippe.

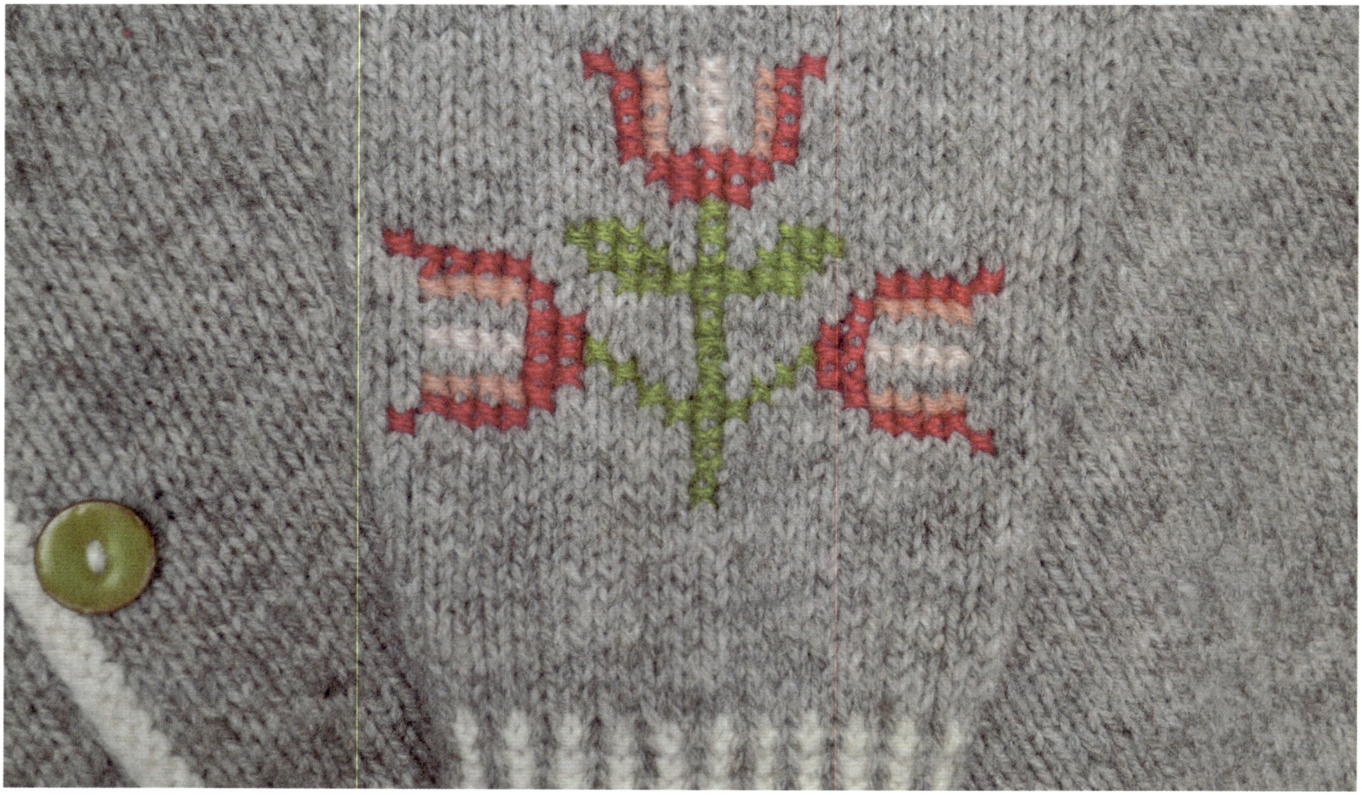

Fertigen Sie auch beim Stricken der Borte jeweils im Abstand von 6 cm zum vorherigen Knopfloch ein Knopfloch. Ketten Sie auf der rechten Seite mit Grau ab und stricken Sie dabei rechts.

Ärmel

Legen Sie die 64 Maschen des Hilfsfadens auf die Nadel und nehmen Sie 6 Maschen unter der Achsel auf, setzen Sie einen Maschenmarkierer in die Mitte dieser 6 Maschen (70 M). Stricken Sie im Kreis. Machen Sie nach 4 Runden, vor und nach der ersten Masche, auf jeder Seite der Markierung eine Abnahme (2 Maschen zusammenstricken) und wiederholen Sie dies 12 x (44 M). Stricken Sie 4 weitere Runden und beginnen Sie dann mit der gewellten Rippe, wie für das Vorder- und Rückenteil beschrieben.

Stricken Sie den zweiten Ärmel auf die gleiche Weise.

Verarbeitung

Nehmen Sie entlang der Vorderseiten Maschen mit dem weißen Faden auf (machen Sie dies bis auf 1 Masche von der Kante).

Maschen aufnehmen: Stechen Sie mit der Stricknadel von vorne nach hinten in das Gestrick ein, wickeln Sie das Garn in der Randfarbe im Uhrzeigersinn um die Nadel und holen Sie mit der Nadelspitze die Schlaufe. Überspringen Sie nach jeder 5. Masche eine Masche. Stricken Sie 5 Runden glatt rechts mit der linken Seite

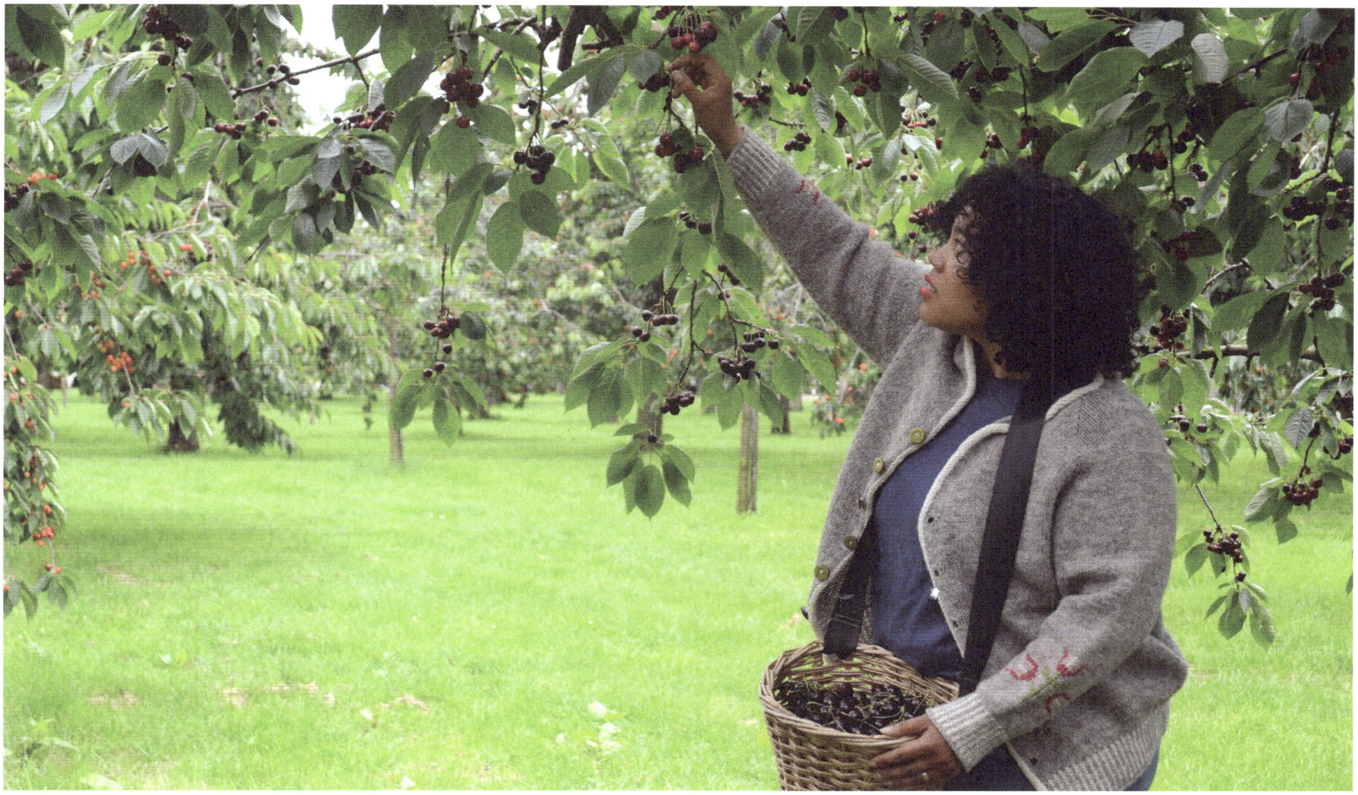

auf der rechten Seite und ketten Sie ab. Nehmen Sie dann mit dem weißen Garn Maschen entlang des Halses auf (machen Sie dies bis zu 1 Masche vor dem Rand) und nehmen Sie jede Masche auf. Stricken Sie wiederum 5 Runden glatt rechts mit der linken Seite auf der rechten Seite und ketten Sie ab. Verbinden Sie die Kante sowohl an der Innenseite des Halsausschnitts als auch an der Innenseite des Vorderteils mit dem Maschenstich.

ACHTUNG
Um die gewellte Rippe schön gleichmäßig zu bekommen, ist es wichtig, die linke Seite nicht zu locker zu stricken. Prüfen Sie stets, ob der Rand gleichmäßig aussieht, ohne horizontale «Streifen» oder unregelmäßige Abschnitte.

Sticken
Sticken Sie die Tulpenmotive im Kreuzstich. Zählen Sie die Maschen sorgfältig, damit die Muster auf der Jacke symmetrisch erscheinen. Arbeiten Sie beim Anbringen der Kreuze sehr genau. Im Vergleich zum abzählbaren Stickstoff, weicht der Strickstich schon mal geringfügig davon ab. Achten Sie also darauf, dass die Stickerei-Stiche der richtigen Linie der Strickstiche folgen. Sticken Sie nicht zu fest, sondern so, dass noch etwas Dehnung im Gestrick vorhanden ist. Vernähen Sie alle Fäden sorgfältig. Waschen und spannen Sie das Gestrick sorgfältig. Lassen Sie es trocknen. Zum Schluss nähen Sie die Knöpfe an.

Zählmuster Tulpenjacke

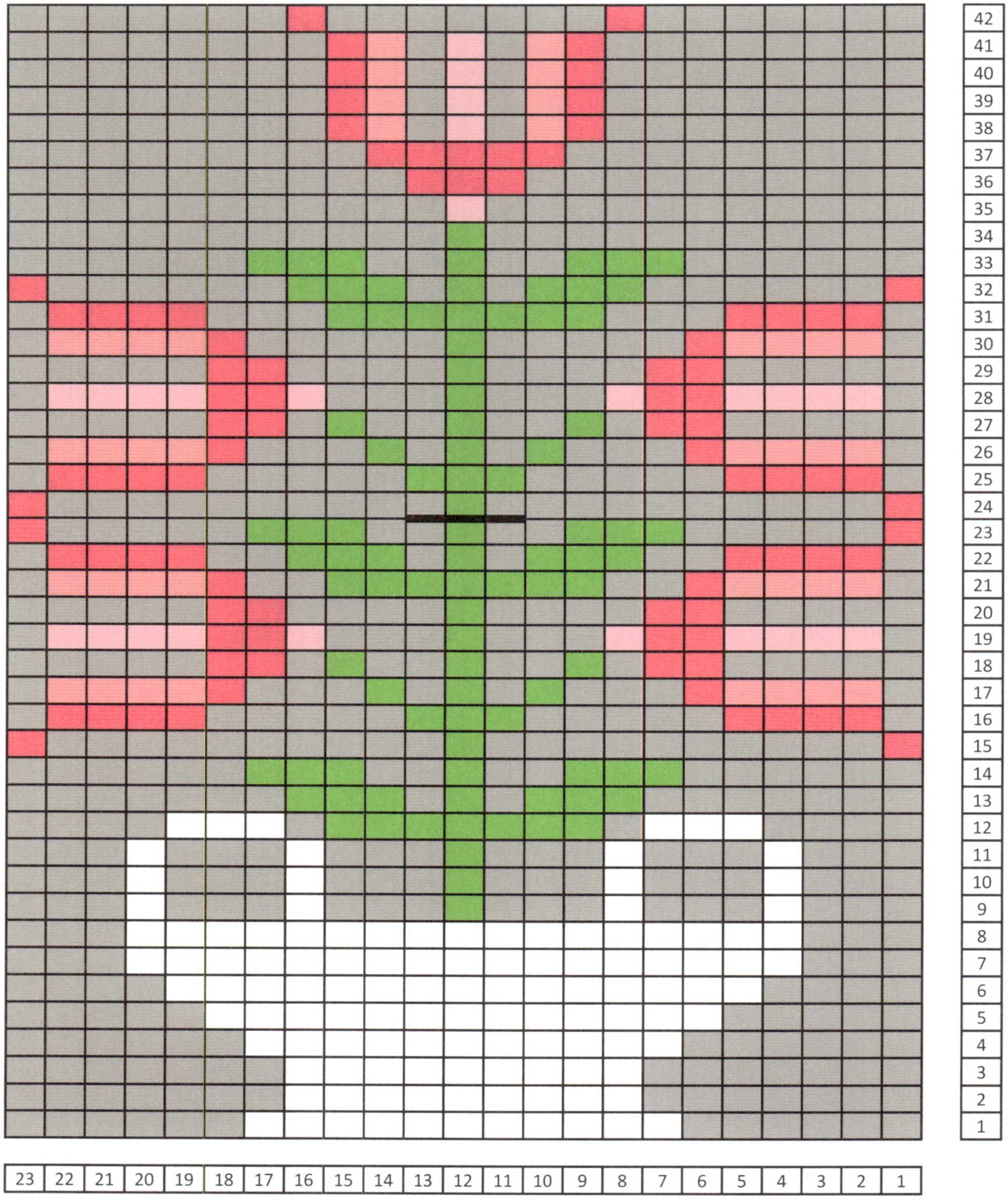

Musterwiederholung Stickarbeit

☐ (Weiß)	Weiß / Mittelblau
■ (Grün)	Grün / Dunkelblau
■ (Dunkelrosa)	Dunkelrosa / Hellblau
■ (Mittelrosa)	Mittelrosa / Mittelblau
■ (Hellrosa)	Hellrosa / Dunkelblau
▬	Anfang Ärmelmotiv

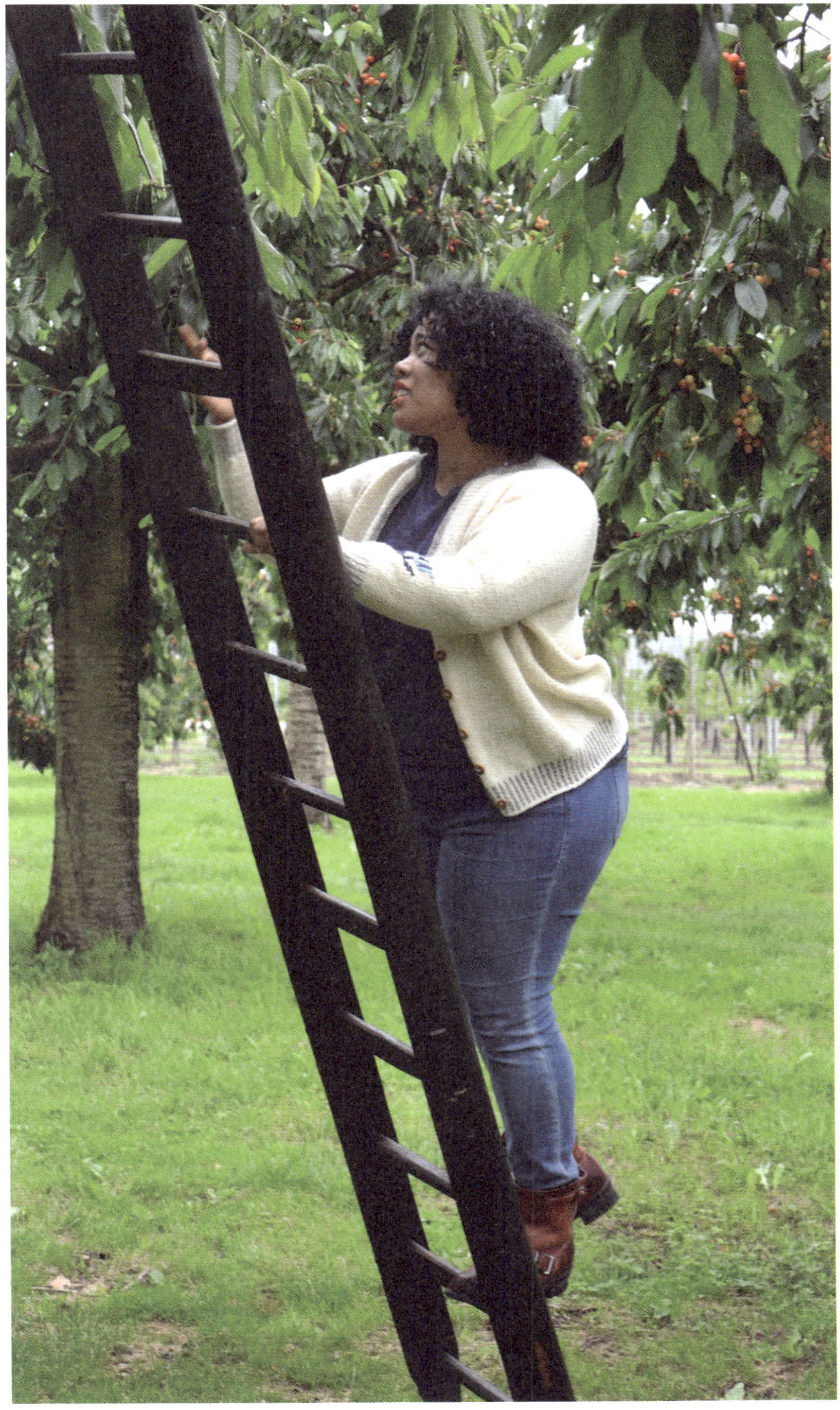

Schicke Jacke

Material
Schaapjeswol Lutjebroek
400 (400) 500 (500) g Hellgrau
Rundstricknadel 4,5 mm - 80 cm
Sockennadeln 4,5 mm
2 Knöpfe
Maschenmarkierer

Größe S (M) L (XL)

Maße
Höhe 56 (60) 64 (68) cm
Breite 42 (48) 53 (60) cm

Maschenprobe
19 Maschen x 24 Reihen
= 10 x 10 cm
Passen Sie, falls nötig, die Nadelstärke an, um das richtige Maschenverhältnis zu erhalten.

Abkürzungen
li - links
RS - rechte Seite der Strickarbeit
KV - Kordelrippe vorn: 1 Masche auf der Kordelnaht vor die Arbeit legen, 1 Masche rechts stricken, 1. Masche der Kordelrippe rechts stricken
KH - Kordelrippe hinten: 1 Masche auf der Kordelnaht hinter die Arbeit legen, 1 rechts stricken, 1. Masche der Kordelnaht rechts stricken
M - Maschenmarkierer
Me - Maschenmarkierer entfernen
M1L - 1 Masche links zunehmen (RS: Stechen Sie die linke Nadel von vorne nach hinten in die Schlaufe zwischen die Maschen, stricken Sie rechts in die hinterste Schlaufe. LS: Stechen Sie die linke Nadel von vorne nach hinten in die Schlaufe zwischen den Maschen, stricken Sie links in die hinterste Schlaufe)
M1R - 1 Masche rechts zunehmen (RS: stechen Sie die linke Nadel von hinten nach vorne in die Schlaufe zwischen die Maschen, stricken Sie rechts in die vorderste Schlaufe. LS: Stechen Sie die linke Nadel von hinten nach vorne in die Schlaufe zwischen die Maschen, stricken Sie links in die vorderste Schlaufe)
PM - Platzmarkierer
re - rechts
MM - Masche / Maschen
LS - linke Seite der Strickarbeit

Vorgehensweise

Die Strickjacke wird von oben nach unten gestrickt. Ich habe dabei die «Zusammenhängende Ärmel Methode» (Connecting Sleeve Method) von Susie Myers (Ravelry: SusieM) verwendet.

Rumpf

Schlagen Sie 42 (46) 48 (54) Maschen an.
Runde 1 (RS): 1re, M1R, PM, 1li, 2re, 1li, PM, M1L, 32 (36) 38 (44) re, M1R, PM, 1li, 2re, 1li, PM, M1L, 1re. [2-4-34-4-2 (2-4-38-4-2) 2-4-40-4-2 (2-4-46-4-2) MM]
Runde 2 (LS): li bis M, M1R, Me, 1re, 2li, 1re, Me, M1L, li bis M, M1R, Me, 1re, 2li, 1re, Me, M1L, li bis Ende.
Runde 3: re bis M, M1R, 1li, 2re, 1li, Me, M1L, re bis M, M1R, 1li, 2re, 1li, Me, M1L, re bis Ende.
Runde 4: Wiederholen Sie Runde 2.
Runde 5: re bis M, M1R, 1li, KV, 1li, Me, M1L, re bis M, M1R, 1li, KH, 1li, Me, M1L, re bis Ende.
Wiederholen Sie die Runden 2 bis 5 noch 4 (5) 6 (7) x.
Stricken Sie eine Runde links.
[22-4-74-4-22 (26-4-86-4-26) 30-4-96-4-30 (34-4-110-4-34) MM]

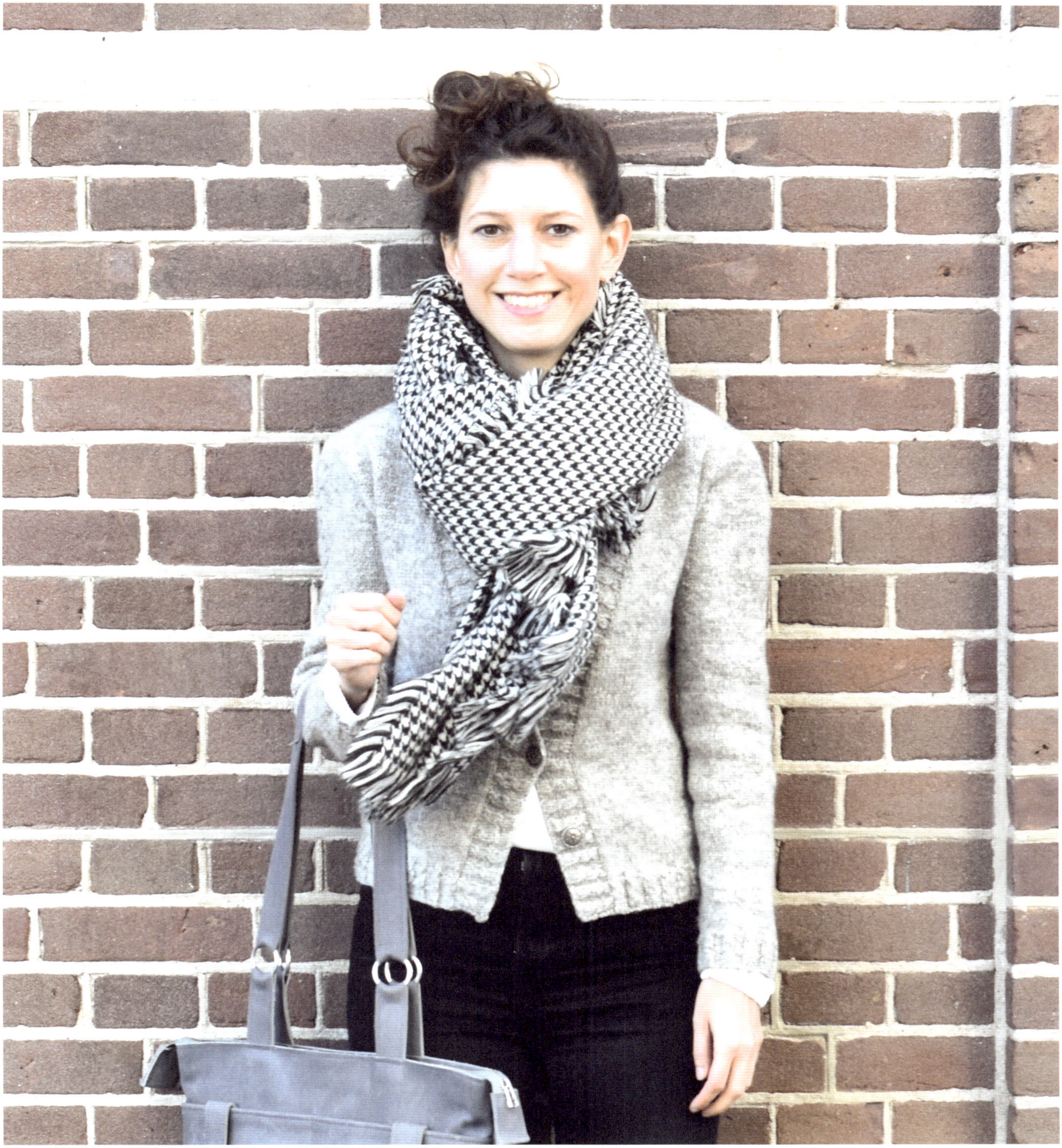

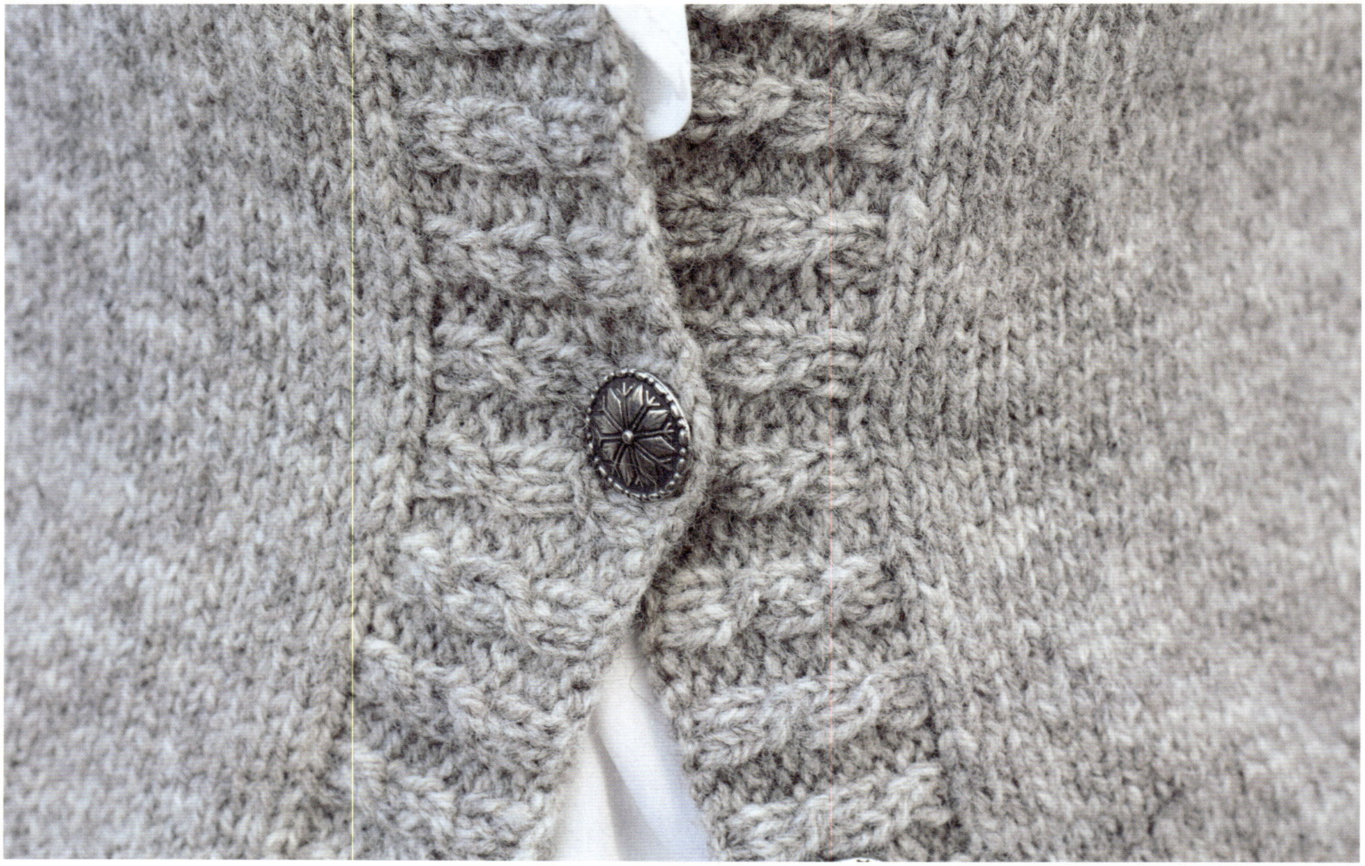

Zunahmen für die Armkugel

Runde 1: *re bis 1 Masche vor M, PM, M1L, 1re, 1li, 2re, 1li, 1re, M1R, PM*, wiederholen Sie von * bis *, re bis Ende.

Runde 2: *li bis M, Me, M1L, li bis M, 1re, 2li, 1re, li bis M, M1R*, wiederholen Sie von * bis *, li bis Ende.

Runde 3: re bis M, Me, M1L, re bis M, 1li, KV, 1li, re bis M, M1R, re bis M, Me, M1L, re bis M, 1li, KH, 1li, re bis M, M1R, re bis Ende.

Runde 4: Wiederholen Sie Runde 2.

Runde 5: *re bis M, Me, M1L, re bis M, 1li, 2re, 1li, re bis M, M1R*, wiederholen Sie von * bis *, re bis Ende.

Runde 6: Wiederholen Sie Runde 2.

[21-7-4-7-72-7-4-7-21 (25-7-4-7-84-7-4-7-25) 29-7-4-7-94-7-4-7-29 (33-7-4-7-108-7-4-7-33) MM]

Nehmen Sie von hier an nur auf der rechten Seite für Ärmel und V-Ausschnitt zu.

Runde 7: 1re, M1L, re bis M, Me, M1L, re bis M, 1li, KV, 1li, re bis M, M1R, re bis M, Me, M1L, re bis M, 1li, KH, 1li, rechts bis M, M1R, re bis 1 Masche vor Ende von M1R, 1re.

Runde 8: Stricken Sie links.

Runde 9: *re bis M, Me, M1L, re bis M, 1li, 2re, 1li, re bis M, M1R*, Wiederholung von * bis *, re bis Ende.

Runde 10: Stricken Sie links.

Wiederholen Sie die Runden 7 bis 10 weitere 7 (8) 9 (10) x.

Nächste Runde: Wiederholen Sie Runde 7.

Nächste Runde: Stricken Sie links.

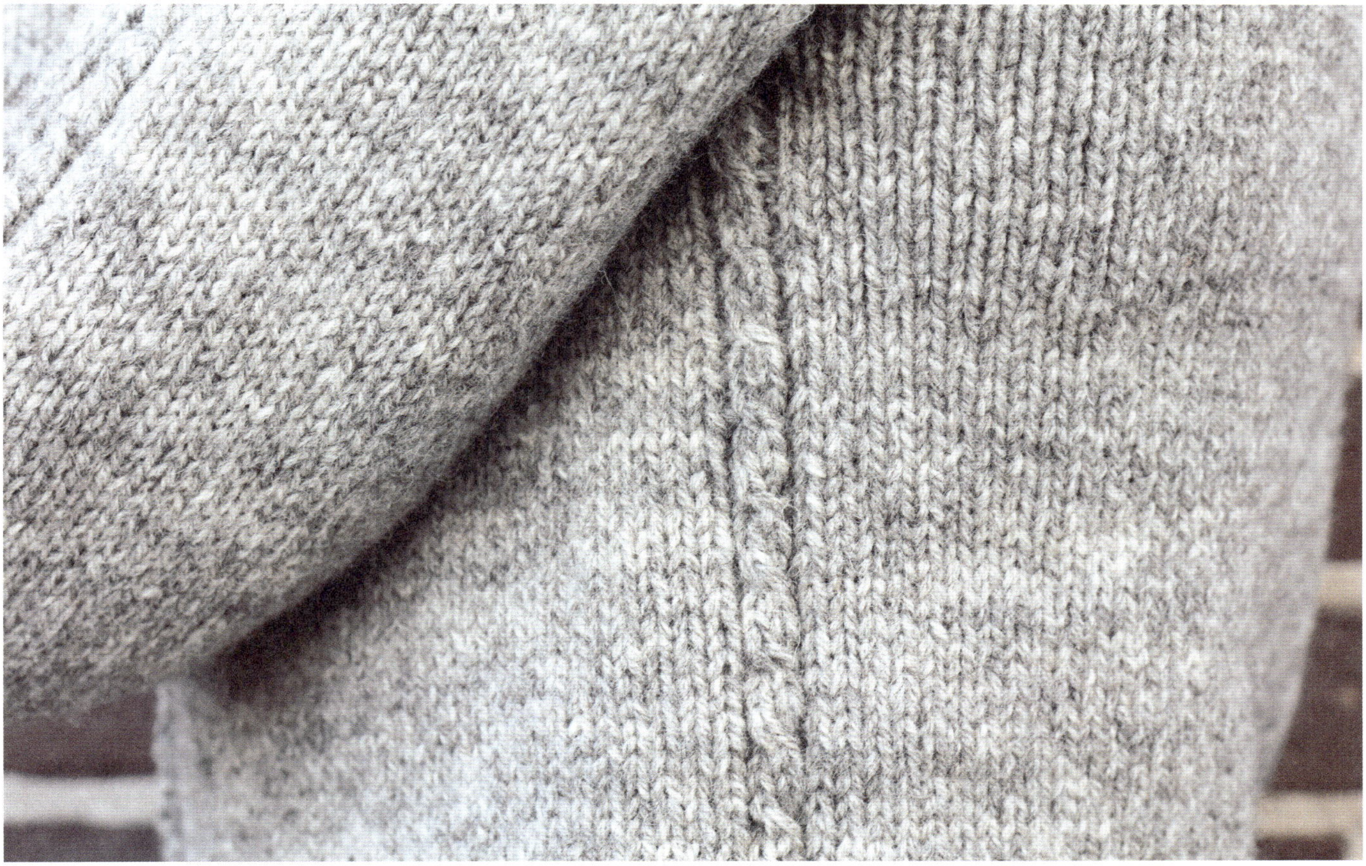

30-24-4-24-72-24-4-24-30 (35-26-4-26-84-26-4-26-35) 40-28-4-28 94-28-4-28-40 (45-30-4-30-108-30-4-30-45) MM]

Trennen Sie die Ärmel vom Rumpf und nehmen Sie weiterhin für den V-Ausschnitt zu.

Runde 1: *re bis M, legen Sie 52 (56) 60 (64) Maschen auf eine Hilfsnadel, PM, schlagen Sie 4 neue Maschen an, PM*, wiederholen von * bis *, re bis Ende.

Runde 2: *li bis M, 1re, 2li, 1re*, wiederholen von * bis *, li bis Ende.

Runde 3: 1re, M1L, *re bis M, 1li, 2re, 1li*, wiederholen von * bis *, re bis 1 Masche vor Ende, M1R, 1re.

Runde 4: *li bis M, 1re, 2li, 1re*, wiederholen von * bis *, li bis Ende.

Runde 5: *re bis M, 1li, 2re, 1li*, wiederholen von * bis *, re bis Ende.

Runde 6: *li bis M, 1re, 2li, 1re*, wiederholen von * bis *, li bis Ende.

Runde 7: 1re, M1L, re bis M, 1li, KV, 1li, re bis M, 1li, KH, 1li, re bis 1 Masche vor Ende, M1R, 1re.

Runde 8: *li bis M, 1re, 2li, 1re*, wiederholen von * bis *, li bis Ende.

Wiederholen Sie Runde 5 bis 8 noch 4 (5) 6 (7) x. [36-4-72-4-36 (42-4-84-4-42) 48-4-94-4-48 (54-4-108-4-54) MM]

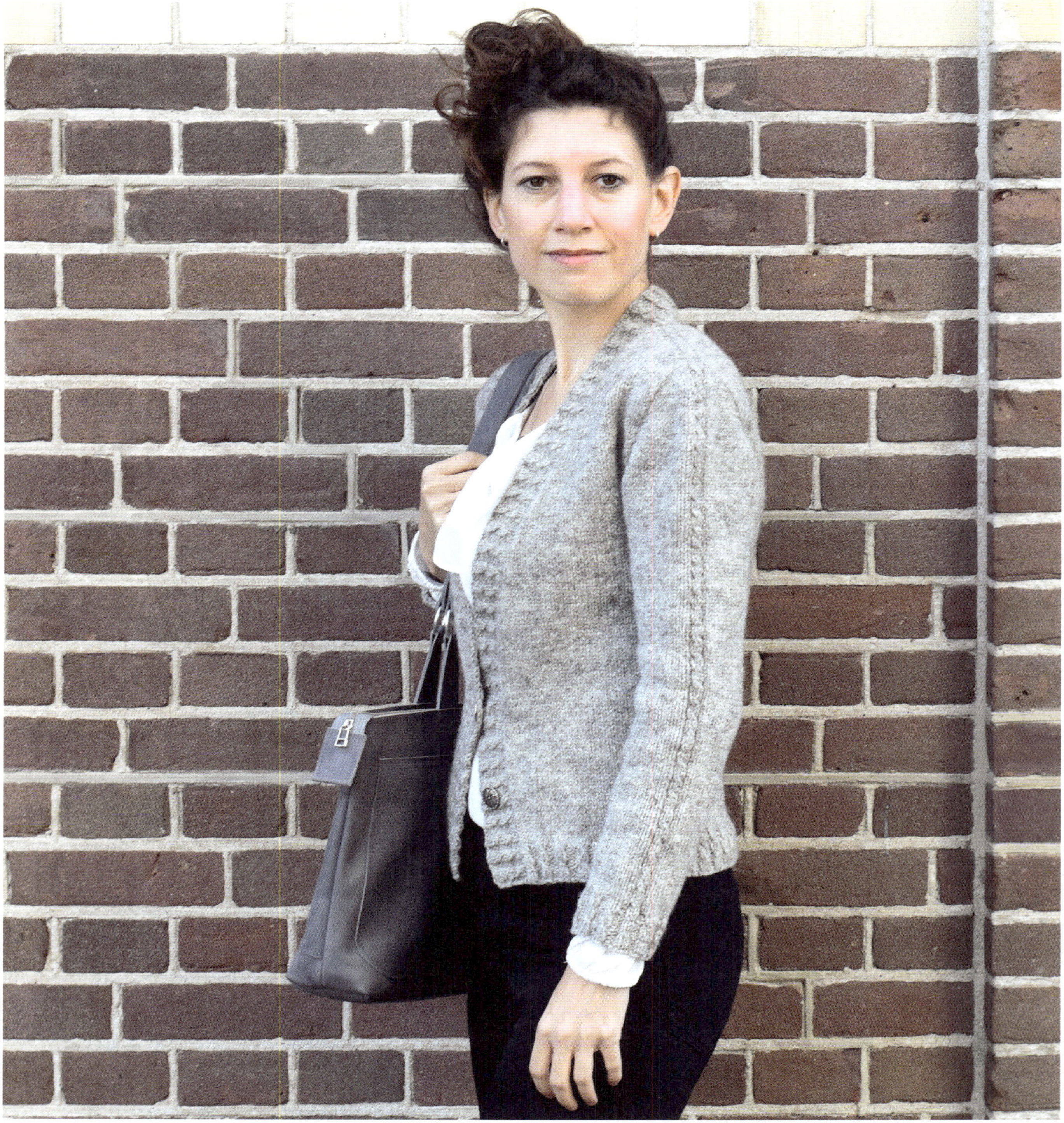

Unterster Teil des Rumpfes

Runde 1: *re bis M, 1li, 2re, 1li*, wiederholen von * bis *, re bis Ende.
Runde 2: *li bis M, 1re, 2li, 1re*, wiederholen von * bis *, li bis Ende.
Runde 3: re bis M, 1li, KV, 1li, re bis M, 1li, KH, 1li, re bis Ende.
Runde 4: *li bis M, 1re, 2li, 1re*, wiederholen von * bis *, li bis Ende.
Wiederholen Sie Runde 1 bis 4 noch 12 x.

Bündchen

Runde 1: 1li, *2re, 2li*, wiederholen von * bi s*, 1li.
Runde 2: 1re, *2li, 2re*, wiederholen von * bis *, 1re.
Runde 3: 1li, *KV, 2li*, wiederholen von * bis * 18 x, *KH, 2li*, wiederholen von * bis * 18 x, 1li.
Runde 4: 1re, *2li, 2re*, wiederholen von * bis *, 1re.
Wiederholen Sie Runde 1 bis und mit 4 noch 1 x.
Nächste Runde: Wiederholen Sie Runde 1.
Nächste Runde: Ketten Sie alle Maschen im Muster ab.

Ärmel (2 x)

Schieben Sie die Maschen von der Hilfsnadel auf eine Nadel und nehmen Sie entlang der Unterseite 2 Maschen auf, PM, nehmen Sie noch 2 Maschen auf. [56 (60) 64 (68) MM]
Stricken Sie im Kreis und stricken Sie die Kordelrippe, so wie es erscheint (vorne oder hinten).
Machen Sie immer nach 6 cm eine Abnahme, indem Sie 2 Maschen vor dem Markierer und 2 Maschen nach dem Markierer jeweils 2 Maschen zusammenstricken. Stricken Sie so weiter, bis die Ärmel 37 cm lang sind (oder bis zur gewünschten Länge). [44 (48) 52 (56) MM]
Stricken Sie nach der letzten Kordelrippe noch 1 Runde.

Bündchen

Runde 1: 1li, *2re, 2li*, wiederholen von * bis *, 1li.
Runde 2: Wiederholen Sie Runde 1.
Runde 3: 1li, *Kordelrippe vorne oder hinten, 2li*, wiederholen von * bis *, 1li,
Runde 4: Wiederholen Sie Runde 1.
Wiederholen Sie Runde 1 bis 4 noch 1 x.
Nächste Runde: Wiederholen Sie Runde 1.
Ketten Sie alle Maschen im Muster ab.

Revers

Nehmen Sie Maschen entlang der Vorderteile und des Rückenteils auf. Nehmen Sie bei jeder Runde eine Masche auf, überspringen Sie aber auf den Vorderseiten nach 5 Runden immer eine Runde. Achten Sie darauf, dass die Gesamtzahl der Maschen durch 4 teilbar ist. Stricken Sie den Rand auf die gleiche Weise wie das Bündchen am unteren Rand. Machen Sie auf etwa der Hälfte des Bündchens 2 (oder mehr) Knopflöcher an den gewünschten Stellen.

Verarbeitung

Vernähen Sie alle Fadenenden. Waschen und spannen Sie die Jacke auf Maß. Nähen Sie die Knöpfe an. Um den Schulterbereich zu betonen, können Sie Schulterpolster in die Armkugel einnähen.

Rippenpullover

Material
Schaapjeswol Lutjebroek
400 g Wollweiß
300 g Hellgrau
100 g Dunkelgrau
Stricknadeln 4,5 mm und 5 mm
Rundstricknadeln 4,5 mm - 40 cm
oder Sockennadeln 4,5 mm
Stopfnadel

Größe M / L

Maschenprobe
16 Maschen x 15 Rippen
(30 Runden rechts)
Passen Sie, falls nötig, die Nadelstärke an, um das richtige Maschenverhältnis zu erhalten.

Maße nach dem Waschen und Spannen
Breite 60 cm
Höhe 65 cm
Ärmellänge 42 cm

Vorgehensweise

Rückseite

Schlagen Sie 100 Maschen mit Dunkelgrau an und stricken Sie 1 Runde rechts. Stricken Sie 12 Runden mit Wollweiß im 2/2 Rippenmuster (2 rechts/2 links). Stricken Sie Rippen (alle Nadeln rechts) und beginnen Sie nach dem Bündchen mit Hellgrau. Wechseln Sie die Farben Hellgrau und Wollweiß in jeder Rippe ab. Stricken Sie 90 Rippen (180 Runden) und ketten Sie ab.

Vorderseite

Wie das Rückenteil stricken, aber ketten Sie nach 80 Rippen die mittleren 22 Maschen ab und stricken Sie beide Schulterteile getrennt weiter. Ketten Sie an der Halsseite noch 2 x 2 und 1 x 1 Maschen ab. Ketten Sie die Schultermaschen ab, wenn beide Teile die gleiche Länge haben.

Ärmel

Schlagen Sie 42 Maschen mit Dunkelgrau an und stricken Sie das Bündchen wie bei der Vorder- und Rückseite. Stricken Sie die Ärmel weiter so wie die Vorder- und Rückseite, aber nehmen Sie in jeder vierten Runde beidseitig 1 Masche zu. Stricken Sie 57 Rippen (insgesamt 70 Maschen) und ketten Sie ab.

Verarbeitung

Schließen Sie die Schulternähte und befestigen Sie die Ärmel an den Teilen. Schließen Sie dann die Seiten- und Unterarmnähte. Achten Sie darauf, dass sich die Streifen der Rippen gleichmäßig fortsetzen. Nehmen Sie 90 Maschen mit Wollweiß rund um den Hals auf.
Maschen aufnehmen: Stechen Sie mit der Stricknadel von vorn nach hinten in das Strickstück, wickeln Sie das Garn in Wollweiß im Uhrzeigersinn um die Nadel und holen Sie die Schlaufe mit der Nadelspitze. Die erste Runde liegt jetzt gleich auf der Nadel.
Stricken Sie 5 Runden im 2/2 Rippenmuster, stricken Sie 1 Runde mit Dunkelgrau und ketten Sie locker ab. Vernähen Sie alle Fäden unsichtbar. Waschen Sie den Pullover und spannen Sie ihn auf Maß.

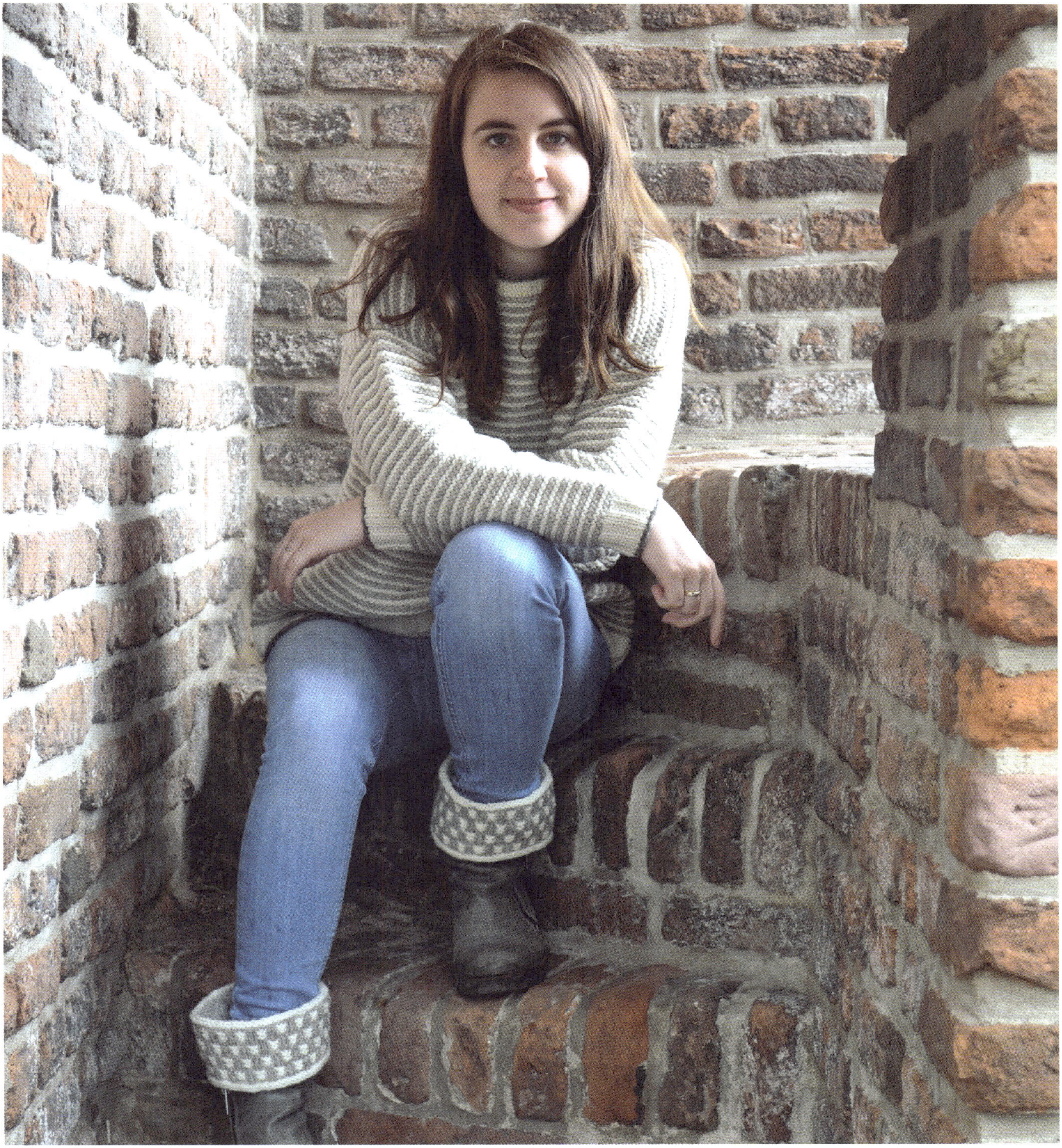

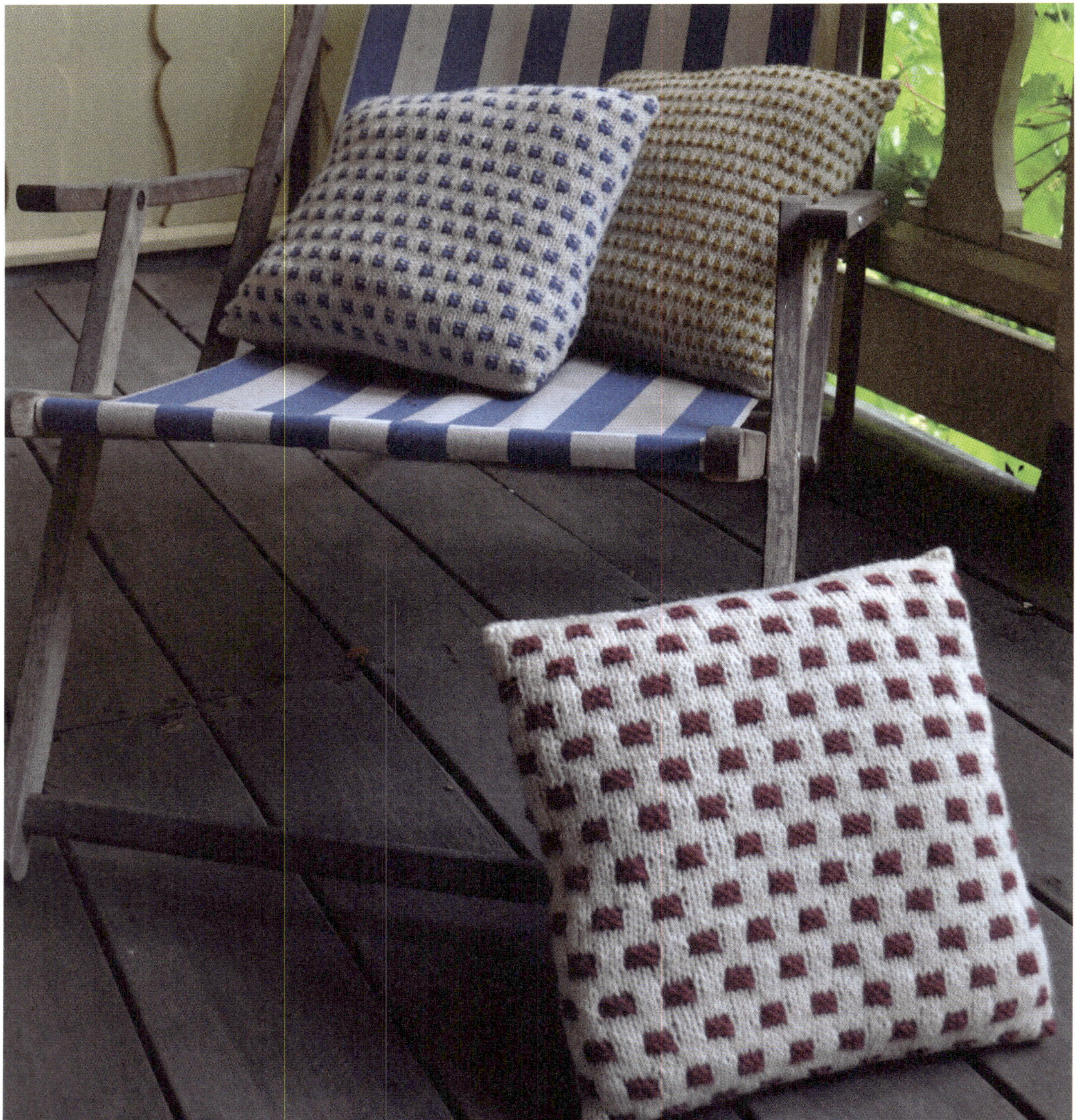

Kissen Utrechtse Heuvelrug

Material
Schaapjeswol Utrechtse Heuvelrug
300 g Natur
100 g Ochsenblut
100 g Gold
100 g Ozean
Rundstricknadeln 4 mm - 50 cm
Maschenmarkierer
Stopfnadel
Innenkissen

Maschenprobe
22 Maschen x 30 Reihen
= 10 x 10 cm.
Passen Sie, falls nötig, die Nadelstärke an, um das richtige Maschenverhältnis zu erhalten.

Maße
30 x 30 cm

Vorgehensweise

Schlagen Sie 120 Maschen an und setzen Sie einen Maschenmarkierer. Schließen Sie die Runde und achten Sie dabei darauf, dass keine Verdrehung im Anschlag vorliegt. Stricken Sie im Kreis. Wählen Sie das gewünschte Zählmuster.
Musterwiederholung Zählmuster 1 und 2 (gelbe und blaue Kissen): Stricken Sie zuerst 2 Runden mit Natur und beginnen Sie dann mit der Musterwiederholung. Stricken Sie 9 x die 8 Runden des Zählmusters = 72 Runden. Ketten Sie anschließend ab.
Musterwiederholung Zählmuster 3 (rote Kissen): Stricken Sie zuerst 3 Runden mit Natur und beginnen Sie dann, das Muster zu wiederholen. Stricken Sie 6 x die 12 Runden des Zählmusters = 72 Runden. Ketten Sie anschließend ab.

Verarbeitung

Vernähen Sie alle Fäden. Waschen und spannen Sie das Gestrick auf Maß. Schließen Sie die untere Naht, schieben Sie das Innenkissen in den Bezug und schließen Sie danach die obere Naht. Wenn Sie den Bezug später wieder waschen möchten, können Sie die obere Naht einfach auftrennen. Nach dem Waschen kann das Innenkissen wieder eingeschoben und die Naht erneut geschlossen werden.

Wolle waschen
Wolle ist selbstreinigend, waschen Sie sie also nur, wenn sie wirklich schmutzig geworden ist.

Zählmuster Kissen Utrechtse Heuvelrug

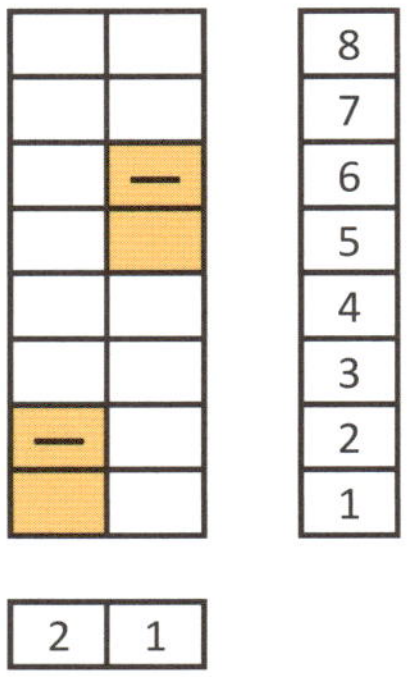

Musterwiederholung Zählmuster 1
(Kissen gelb)

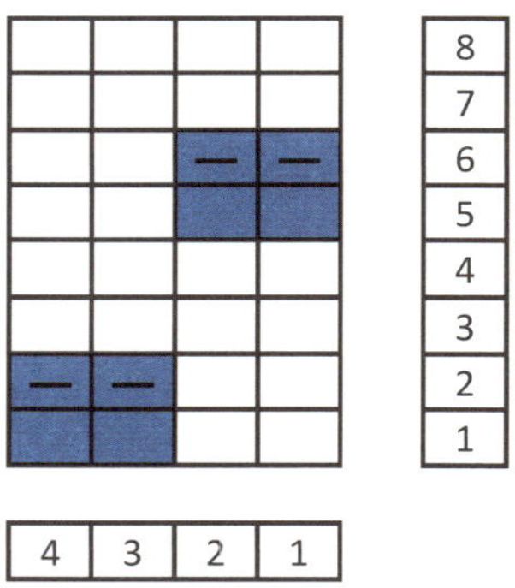

Musterwiederholung Zählmuster 2
(Kissen blau)

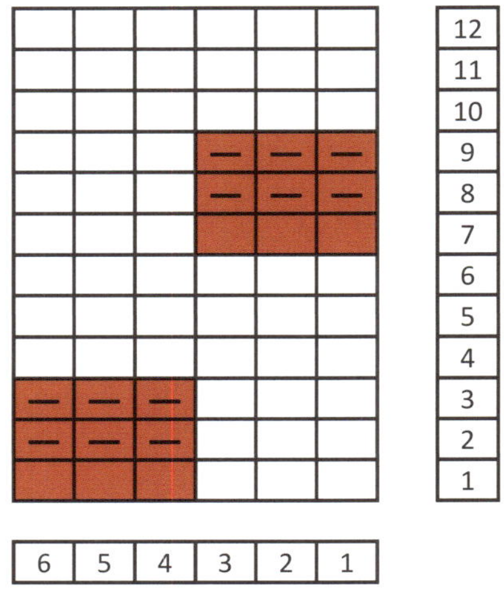

Musterwiederholung Zählmuster 3
(Kissen rot)

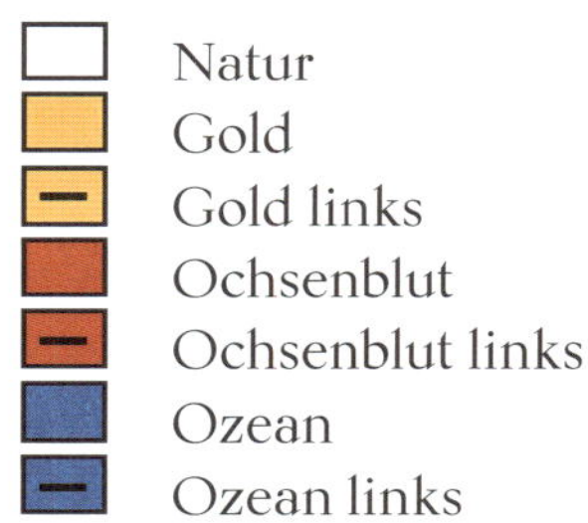

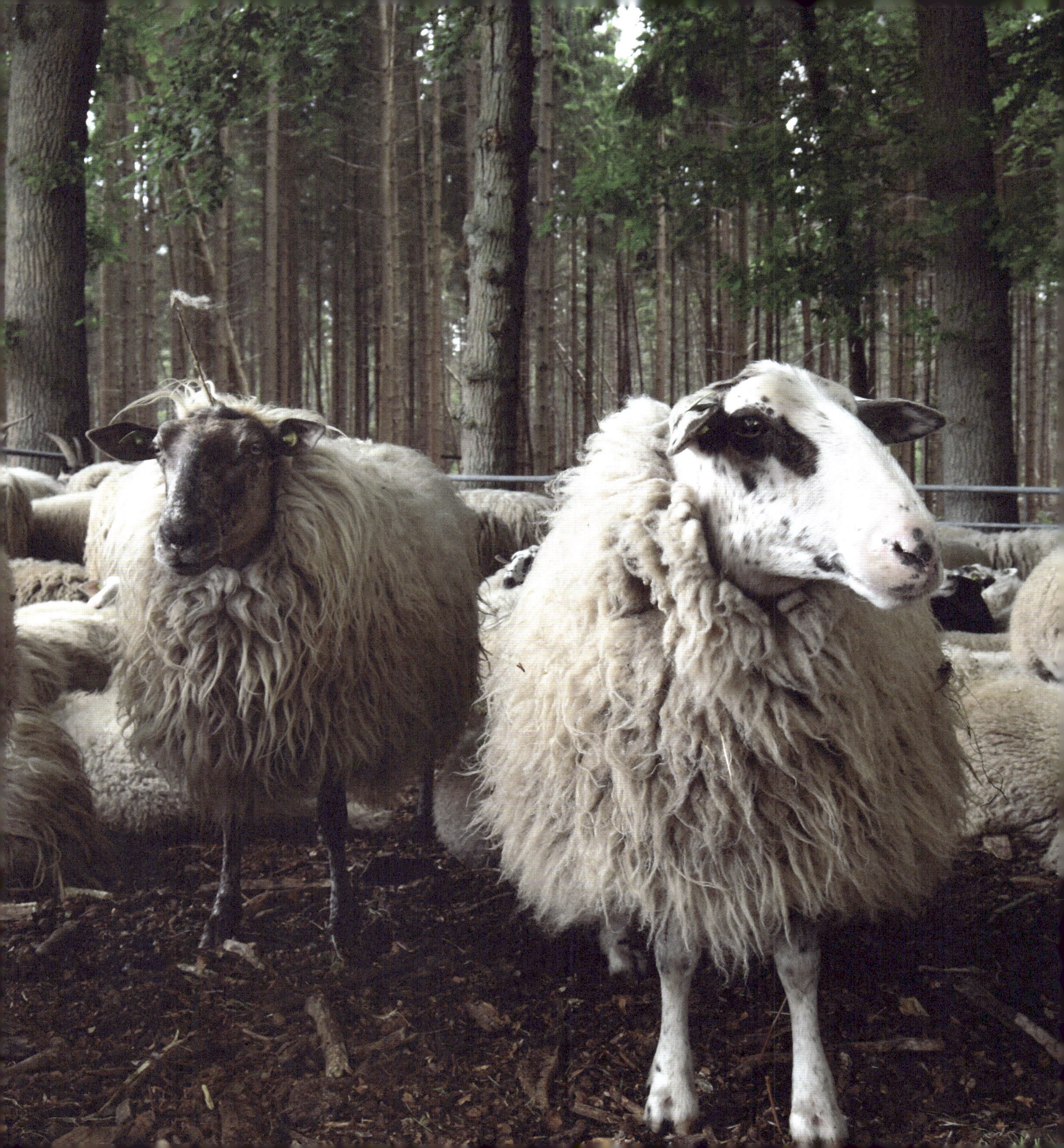

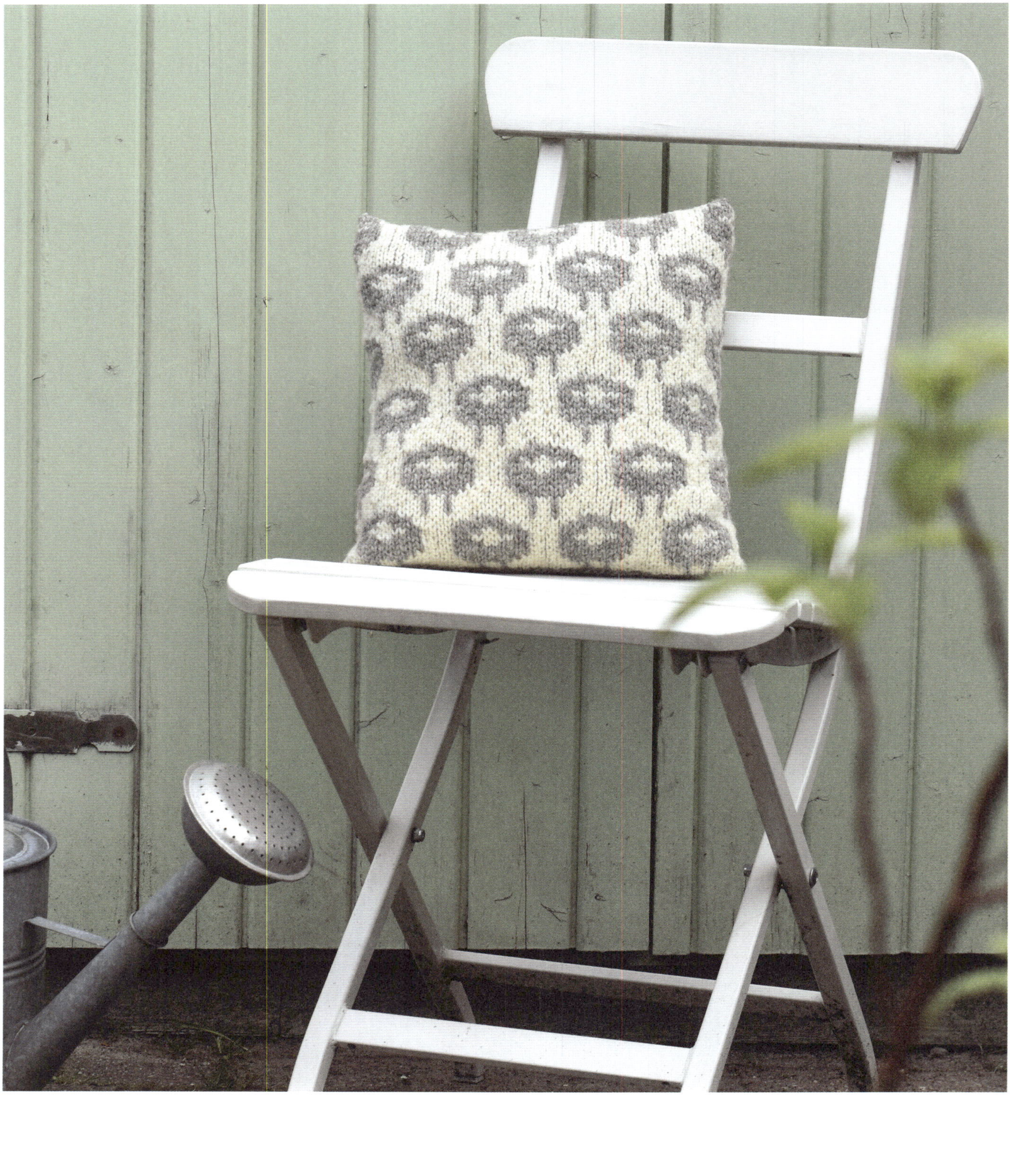

Schäfchenkissen

Material
Schaapjeswol Lutjebroek
100 g Hellgrau
100 g Wollweiß
Rundstricknadeln 5 mm - 60 cm
2 Maschenmarkierer
Innenkissen

Maschenprobe
18 M x 22 Reihen = 10 x 10 cm
(nach dem Spannen)

Maße
30 x 30 cm

Vorgehensweise

Schlagen Sie 112 Maschen mit Grau an. Setzen Sie einen Maschenmarkierer, um den Anfang der Reihe zu kennzeichnen, und setzen Sie nach 56 Maschen einen weiteren Markierer. Schließen Sie die Reihe und stricken Sie im Kreis. Vergewissern Sie sich, dass keine Verdrehung in der Arbeit vorliegt.
Beginnen Sie mit 2 Maschen in Grau und stricken Sie dann 4 x das Schäfchen aus dem Zählmuster mit jeweils 4 Maschen zwischen den Schäfchen. Stricken Sie mit Grau als Hintergrundfarbe und Wollweiß für die Schafe. Stricken Sie nach dem 4. Schäfchen noch 2 Maschen in Grau. Wechseln Sie die Hintergrund- und Einstrickfarbe und stricken Sie 2 Maschen Wollweiß. Stricken Sie danach nochmals 4 x das Zählmuster mit 4 Maschen Wollweiß zwischen den Schafen und schließen Sie mit 2 Maschen in Wollweiß ab.
Stricken Sie weiter nach Zählmuster und wechseln Sie auf halbem Weg immer die Hintergrund- und Einstrickfarbe ab. Die nächste Reihe der Schäfchen wird an den Seitennähten ein Schäfchen haben, das halb grau / halb wollweiß ist. Die Reihe darüber wird wieder so wie die erste Reihe.
Stricken Sie 6 Reihen Schäfchen übereinander. Ketten Sie nach der letzten Reihe mit Grau ab.

Verarbeitung

Vernähen Sie alle Fäden. Waschen und spannen Sie das Gestrick auf Maß. Schließen Sie die untere Naht, schieben Sie das Innenkissen in den Bezug und schließen Sie danach die obere Naht.
Wenn Sie den Bezug später noch einmal waschen wollen (Wolle ist selbstreinigend, machen Sie das also nur, wenn das Kissen wirklich schmutzig geworden ist), können Sie die obere Naht einfach wieder lösen. Nach dem Waschen kann das Innenkissen wieder hineingeschoben und die Naht erneut verschlossen werden.

ACHTUNG
Vernähen Sie, sobald Sie mehr als 3 Maschen mit der gleichen Farbe gestrickt haben, den Faden auf der Rückseite. Achten Sie darauf, dass das Vernähen nie gleich darüber, sondern versetzt erfolgt.

Zählmuster Schäfchenkissen

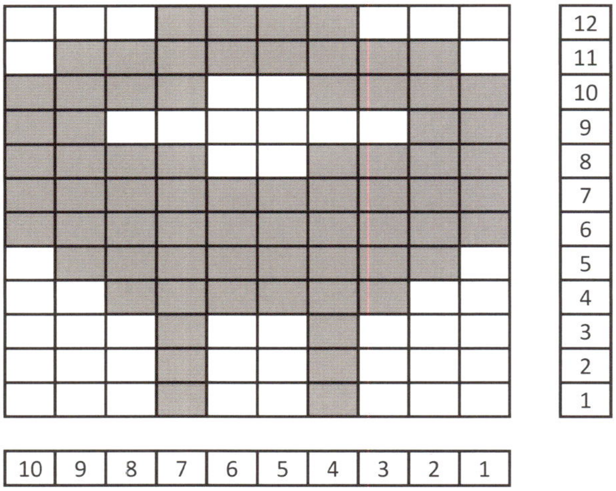

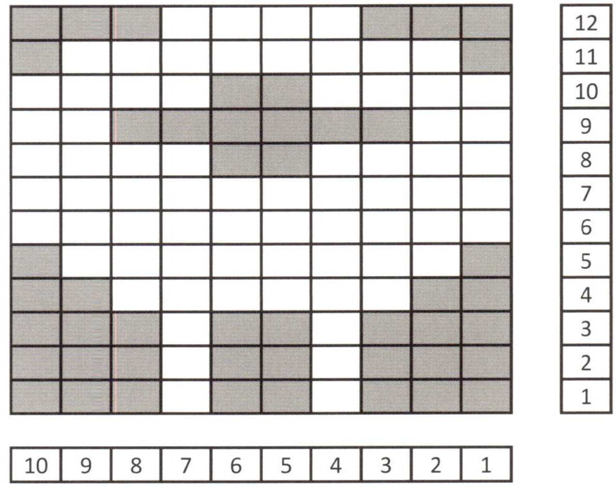

Musterwiederholung Schäfchen

- Hellgrau
- Wollweiß

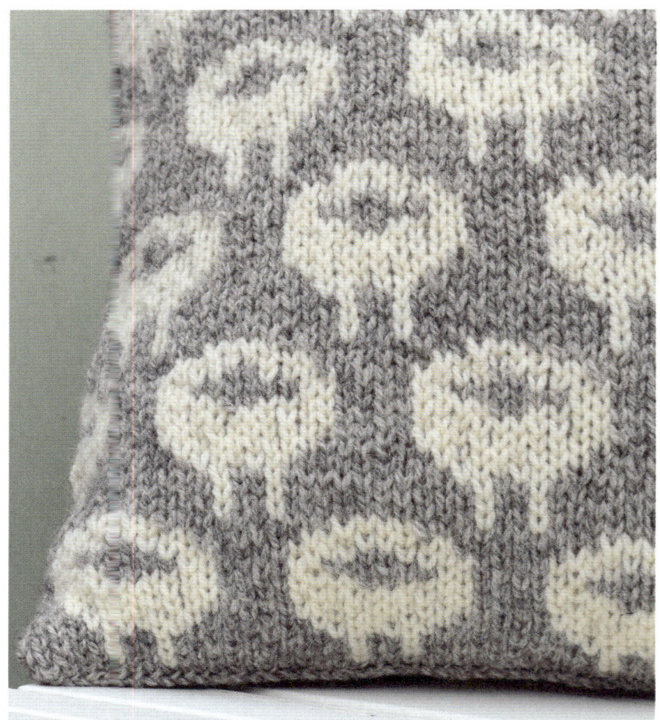

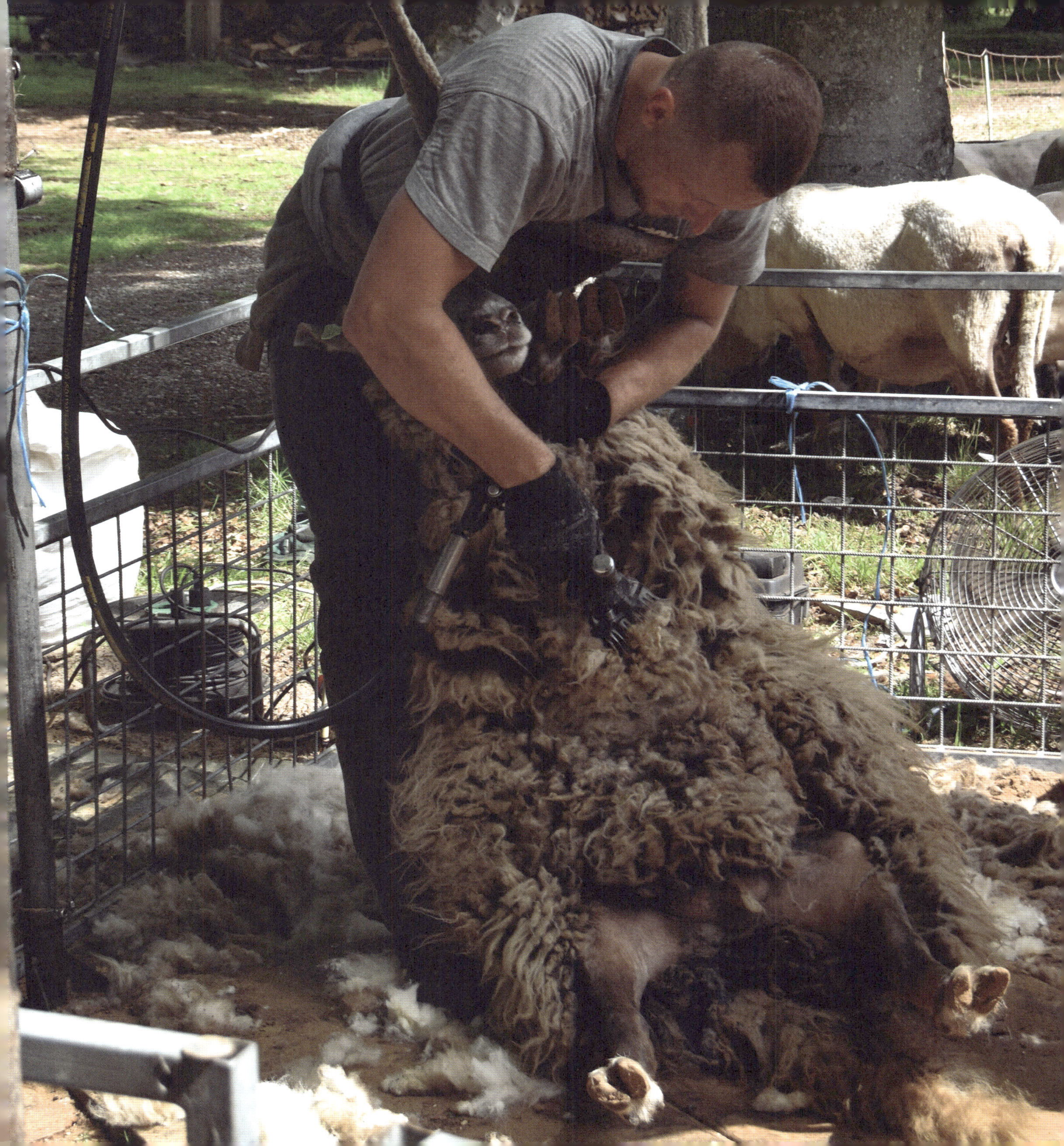

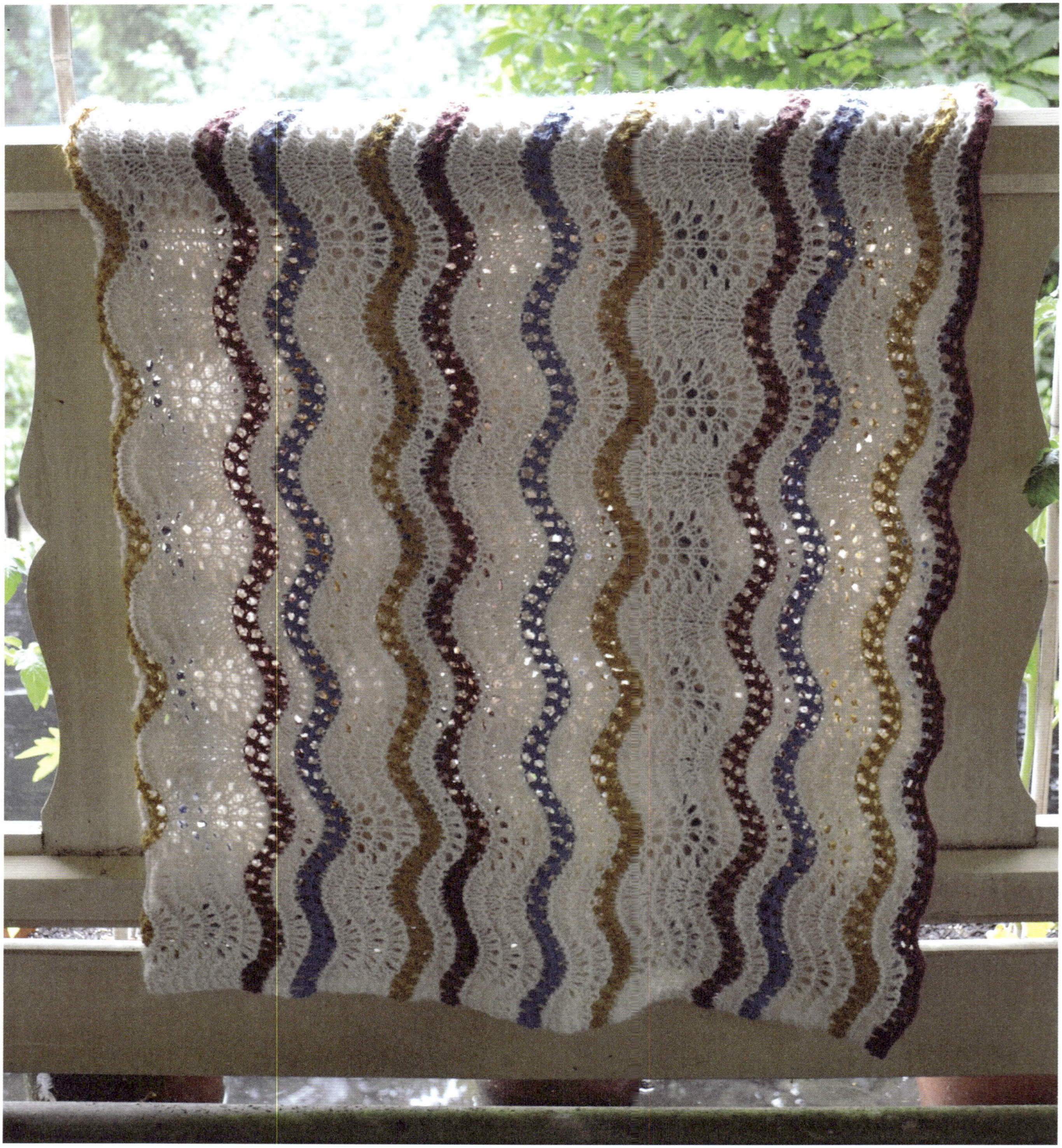

Plaid

Material
Schaapjeswol Utrechtse Heuvelrug
700 g Natur
100 g Ozean
100 g Gold
100 g Ochsenblut
Rundstricknadel 5,5 mm
- 120 bis 150 cm

Maschenprobe
± 18 Maschen x 26 Reihen
= 10 x 10 cm im Muster
(vor dem Spannen)

Maße
Nach dem Spannen
30 x 30 cm
± 125 breit x 155 cm lang

Vorgehensweise

Schlagen Sie mit Ozean 222 Maschen locker an. Stricken danach weiter nach Zählmuster «Musterwiederholung», aber beginnen und beenden Sie jede Runde mit 3 Maschen rechts (mit Ausnahme der Runden 18, 28, 46, 60, 86 und 96, die vollständig links gestrickt werden um sicherzustellen, dass der Farbstreifen im Rand schön weiter läuft. Dazwischen werden die 18 Maschen des Zählmusters «Musterwiederholung» insgesamt 12 x gestrickt (3 + 216 + 3 = 222 M).
Stricken Sie die 96 Runden der Musterwiederholung insgesamt 3 x und stricken Sie dann noch 1 x die Runde 1 bis 31. Ketten Sie nach Runde 31 die Maschen auf der Rückseite der Arbeit locker ab. Die abgekettete Reihe muss dieselbe Elastizität aufweisen wie die Anschlagreihe.

Spannen
Vernähen Sie alle Fadenenden sauber. Waschen Sie das Plaid von Hand. In der höchsten Drehzahl schleudern. Breiten Sie das Plaid flach auf einem Stück Teppich oder einer Matratze aus und spannen Sie es mithilfe von Stecknadeln oder flexiblen Spanndrähten für schöne, gewellte Ränder an der Ober- und Unterseite. Gut trocknen lassen und erst dann die Nadeln und / oder Spanndrähte entfernen.

ACHTUNG
Beim Farbwechsel vor und nach den Zwischenrändern wird die Arbeit nicht gewendet, sondern es werden die Maschen auf das andere Ende der Nadel verschoben und es wird erneut über die gleiche Seite gestrickt wie bei der vorherigen Nadel. Der Grund dafür ist, dass die Runden, in denen Maschen zusammengestrickt und Umschläge gemacht werden, immer auf der rechten Seite der Arbeit gearbeitet werden.

Zählmuster Plaid

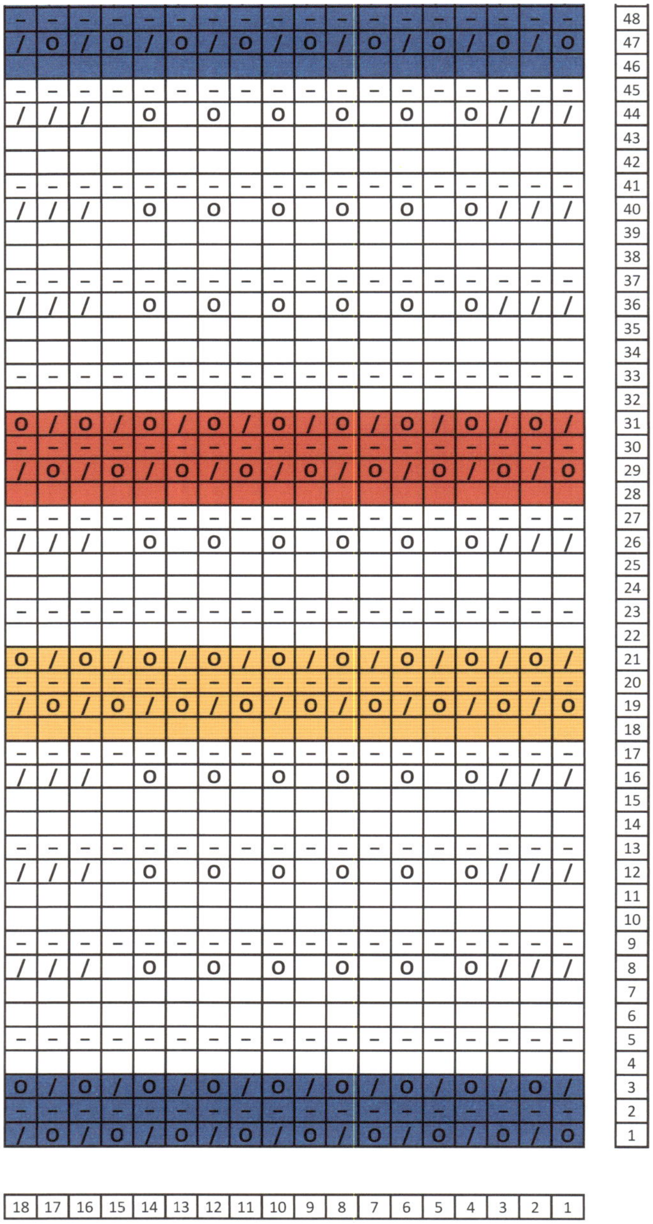

Runde 46: Wenden Sie die Arbeit nicht, sondern beginnen Sie mit der neuen Farbe auf der linken Seite der Arbeit links zu stricken (und stricken Sie auch die ersten und letzten 3 Maschen der Runde links).

Runde 32: Wenden Sie die Arbeit nicht, sondern beginnen Sie auf der rechten Seite der Arbeit mit der Hauptfarbe rechts zu stricken.

Runde 28: Wenden Sie die Arbeit nicht, sondern beginnen Sie mit der neuen Farbe auf der linken Seite der Arbeit links zu stricken (und stricken Sie auch die ersten und letzten 3 Maschen der Runde links).

Runde 22: Wenden Sie die Arbeit nicht, sondern beginnen Sie auf der rechten Seite der Arbeit mit der Hauptfarbe rechts zu stricken.

Runde 18: Wenden Sie die Arbeit nicht, sondern beginnen Sie mit der neuen Farbe auf der linken Seite der Arbeit links zu stricken (und stricken Sie auch die ersten und letzten 3 Maschen der Runde links).

Runde 4: Wenden Sie die Arbeit nicht, sondern beginnen auf der rechten Seite der Arbeit mit der Hauptfarbe rechts zu stricken.

Musterwiederholung Runde 1 - 48

Natur
Gold
Ochsenblut
Ozean

Stricken Sie auf der rechten Seite der Arbeit rechts und auf der linken links.

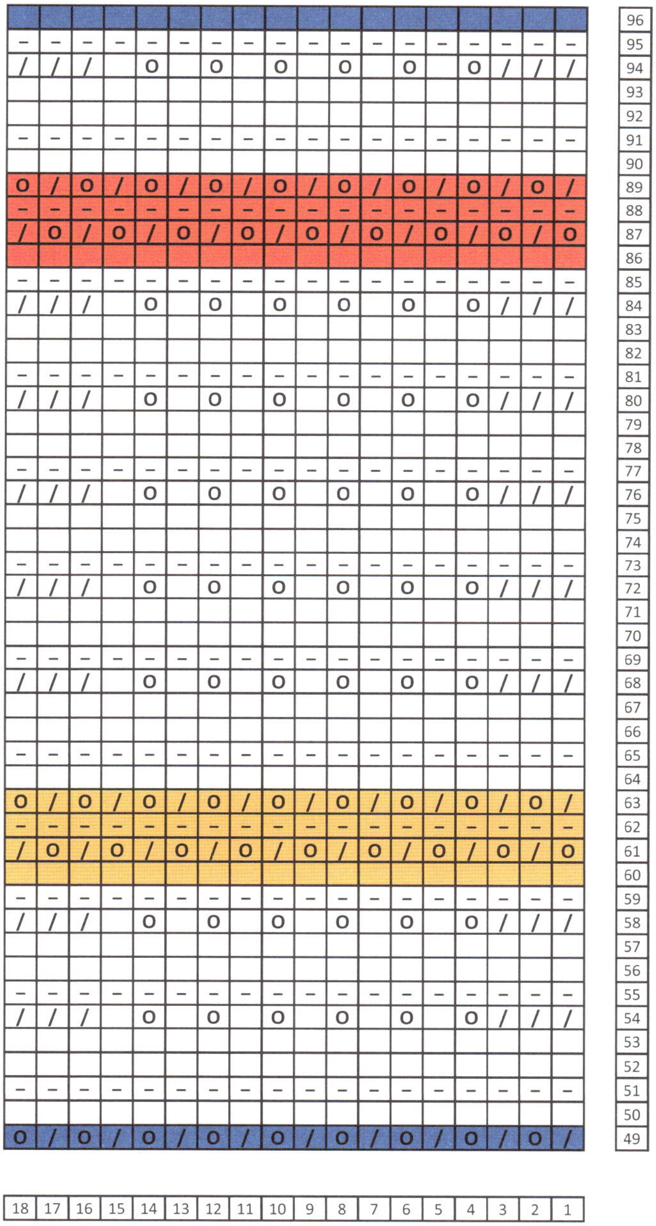

Musterwiederholung Runde 49 - 96

Wenden Sie die Arbeit nicht, sondern beginnen Sie mit der neuen Farbe auf der linken Seite der Arbeit links zu stricken (und stricken Sie auch die ersten und letzten 3 Maschen der Runde links).

Wenden Sie die Arbeit nicht, sondern beginnen Sie auf der rechten Seite der Arbeit mit der Hauptfarbe rechts zu stricken.

Wenden Sie die Arbeit nicht, sondern beginnen Sie mit der neuen Farbe auf der linken Seite der Arbeit links zu stricken (und stricken Sie auch die ersten und letzten 3 Maschen der Runde links).

Wenden Sie die Arbeit nicht, sondern beginnen Sie auf der rechten Seite der Arbeit mit der Hauptfarbe rechts zu stricken.

Wenden Sie die Arbeit nicht, sondern beginnen Sie mit der neuen Farbe auf der linken Seite der Arbeit links zu stricken (und stricken Sie auch die ersten und letzten 3 Maschen der Runde links).

Wenden Sie die Arbeit nicht, sondern beginnen Sie auf der rechten Seite der Arbeit mit der Hauptfarbe rechts zu stricken.

–	Stricken Sie rechts auf der linken Seite der Arbeit
O	Umschlag
/	2 Maschen zusammenstricken

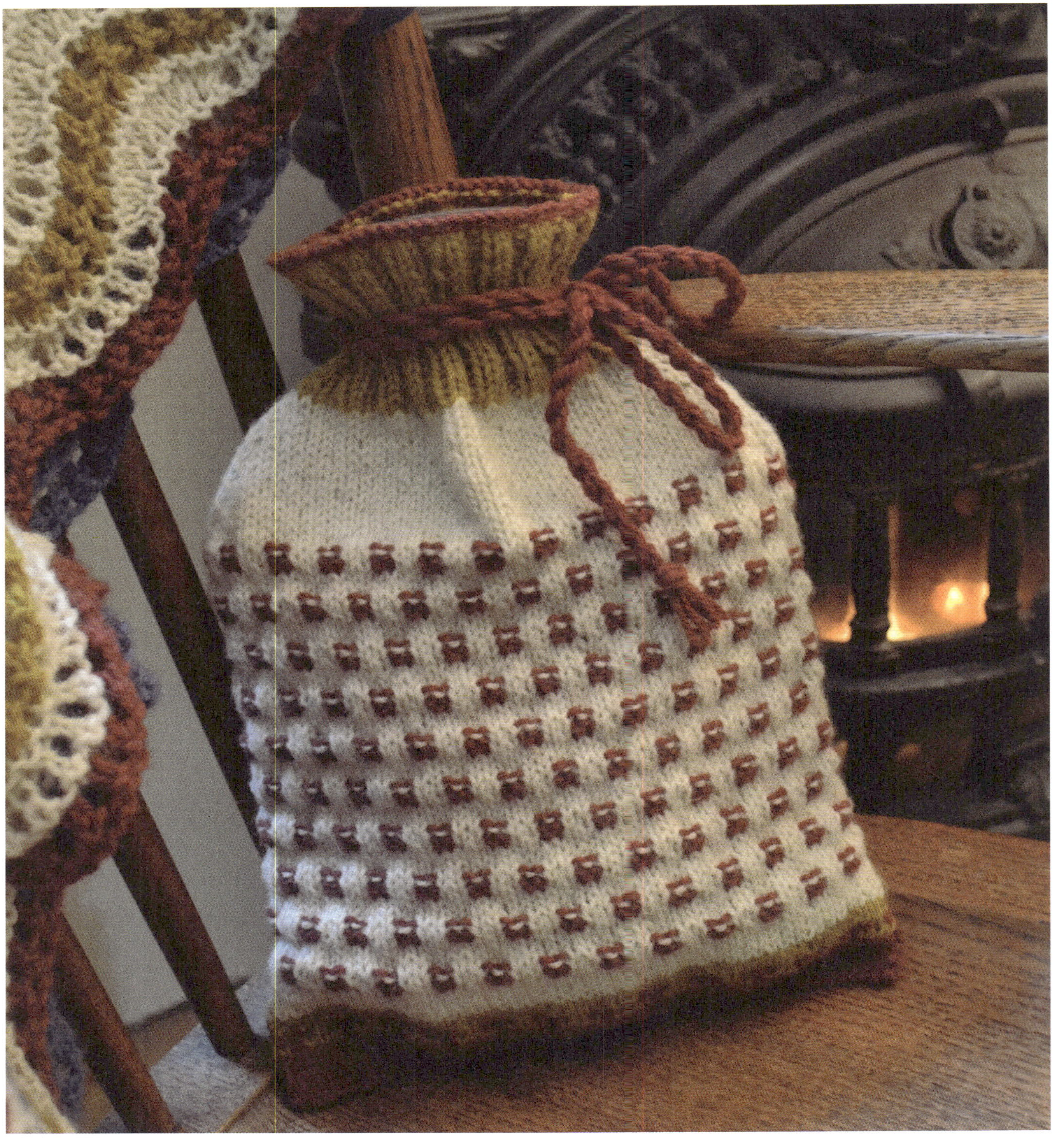

Wärmflaschenbezug

Material
Schaapjeswol Utrechtse Heuvelrug
100 g Natur
100 g Ochsenblut
100 g Gold
Rundstricknadel 4 mm oder 4,5 mm - 40 cm
Maschenmarkierer

Maschenprobe
18 Maschen x 30 Reihen = 10 x 10 cm
Passen Sie, falls nötig, die Nadelstärke an, um das richtige Maschenverhältnis zu erhalten.

Maße
Breite 25 cm
Höhe 34 cm

Vorgehensweise

Schlagen Sie 100 Maschen mit Ochsenblut an. Setzen Sie Maschenmarkierer nach 50 und 100 Maschen. Schließen Sie die Runde und achten Sie dabei darauf, dass keine Verdrehung im Anschlag vorliegt. Stricken Sie im Kreis. Stricken Sie das Zählmuster «Musterwiederholung 1», dann stricken Sie mit Natur weiter und beginnen nach 2 Runden mit dem Zählmuster «Musterwiederholung 2» und wiederholen dies 5 x.
Stricken Sie weiter mit Natur und nehmen Sie vor der letzten und nach der ersten Masche an der Markierung 7 x in jeder zweiten Runde (14 Runden), insgesamt 72 Maschen, ab. Stricken Sie weiter mit Gold im 2/2 Rippenmuster (2 rechts/2 links), und nach 20 Runden stricken Sie 1 Runde mit Ochsenblut. Ketten Sie anschließend alle Maschen ab.

Verarbeitung

Vernähen Sie alle Fäden und nähen Sie die Unterseite des Wärmflaschenbezugs im Maschenstich zusammen. Nehmen Sie 4 Garne Ochsenblut von ± 3 Metern und verdrillen Sie sie zu einer Kordel mit einer Endlänge von 120 cm. Befestigen Sie die Mitte der Kordel in der Mitte des Bündchens und machen Sie nach einer Umwicklung eine Schleife. Die Wärmflasche kann jetzt bei Gebrauch nicht mehr herausrutschen.
Waschen Sie den Wärmflaschenbezug von Hand und schleudern Sie ihn (wegen der Schnur am besten in einem Kopfkissenbezug) auf hoher Stufe. Lassen Sie ihn liegend trocknen.

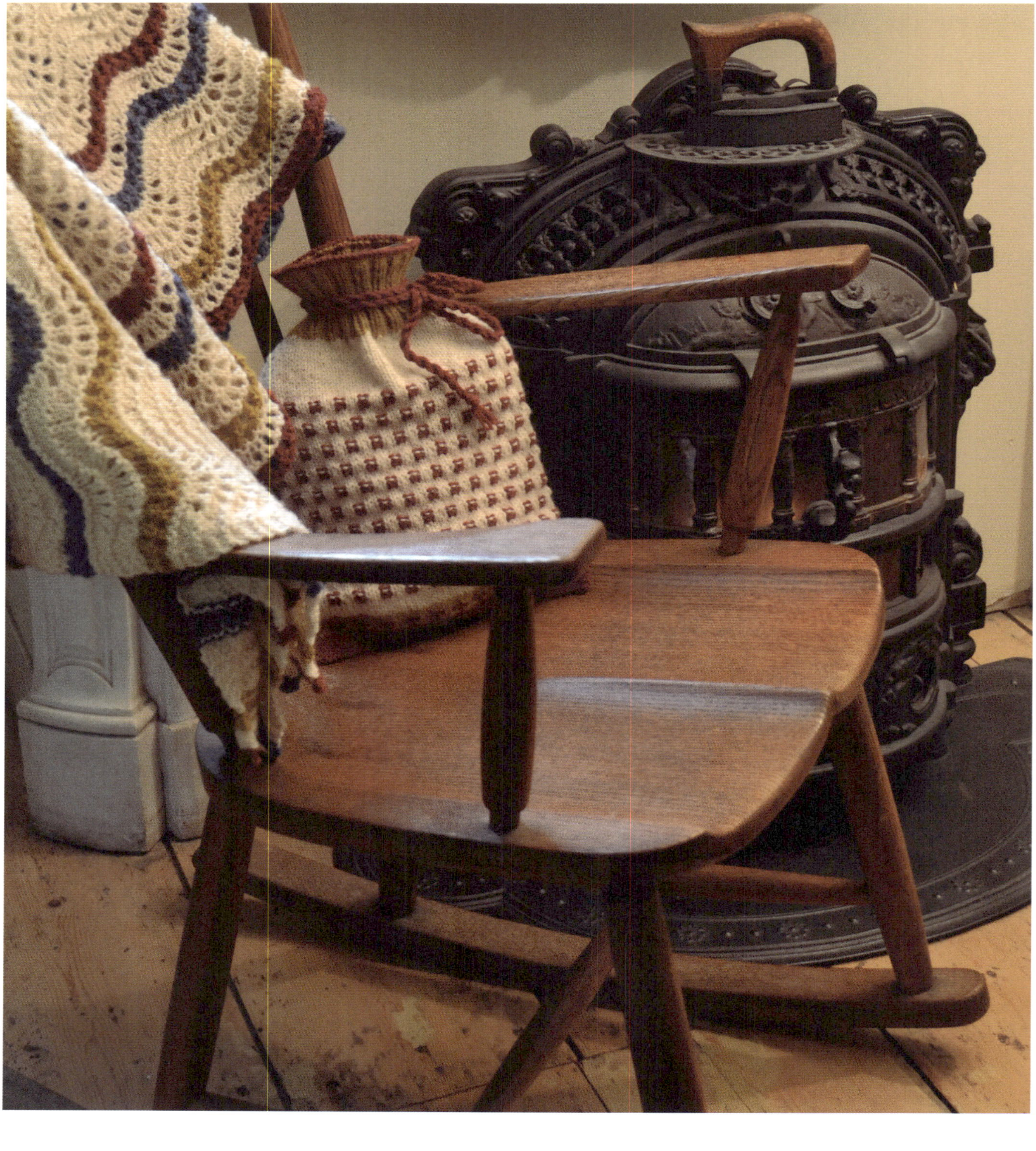

Zählmuster Wärmflaschenbezug

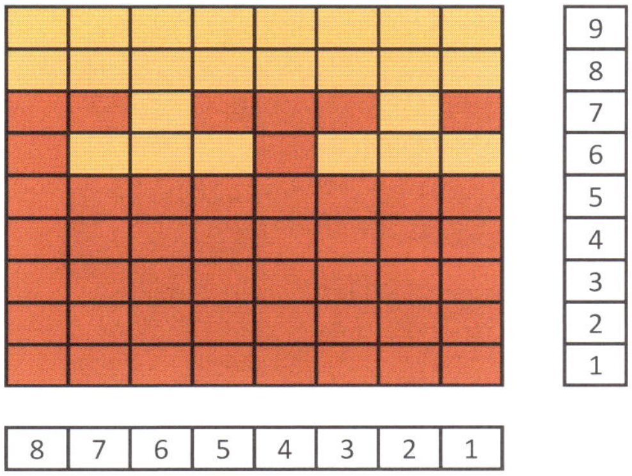

Musterwiederholung Zählmuster 1

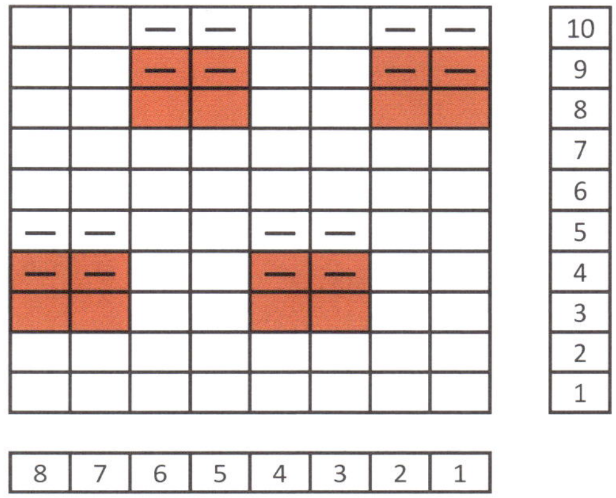

Musterwiederholung Zählmuster 2

- Natur
- Natur links
- Gold
- Ochsenblut
- Ochsenblut links

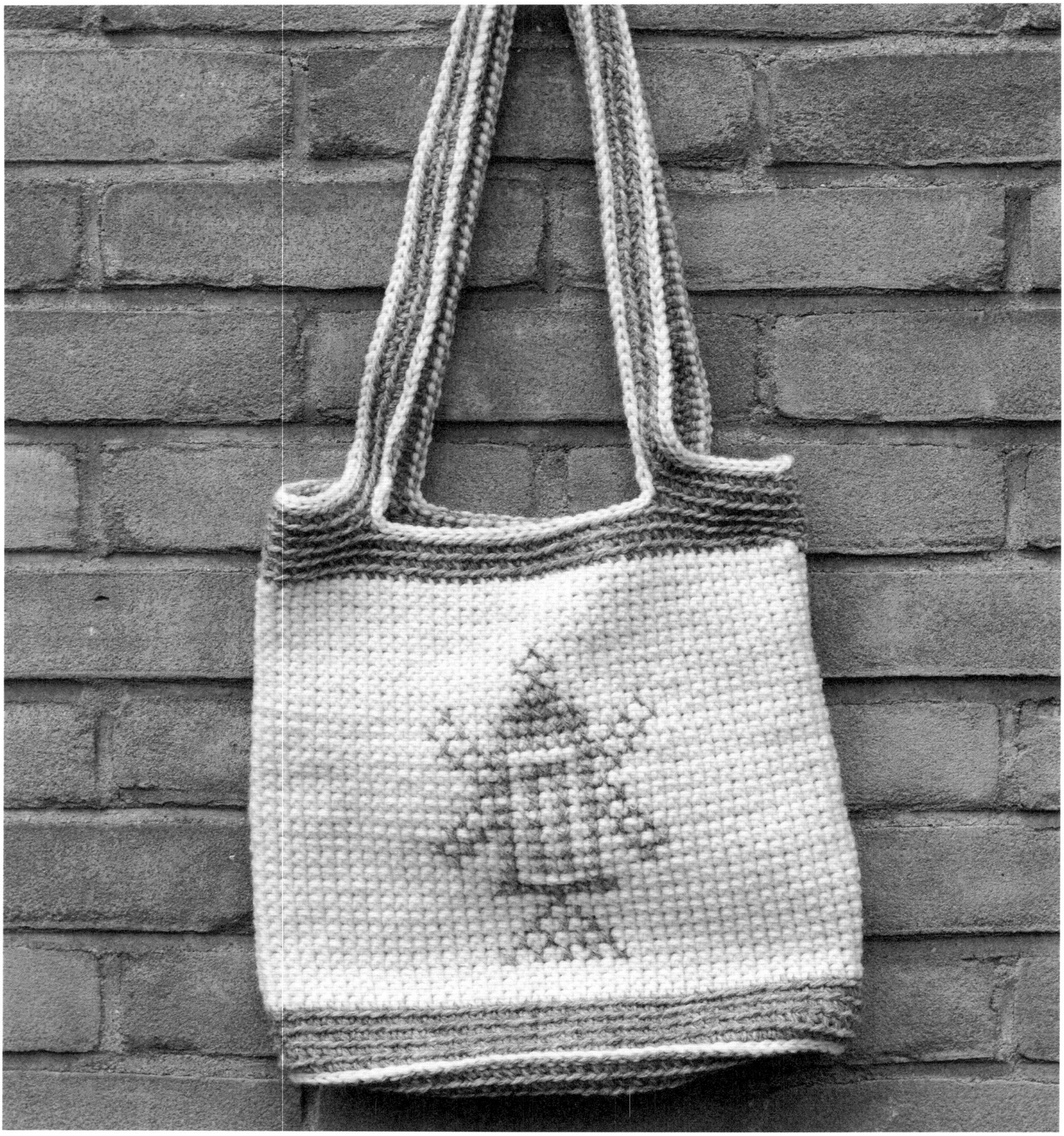

Mühlentasche

Material
Schäfchenwolle Lutjebroek
100 g Hellgrau
100 g Wollweiß
Häkelnadel 5 mm
Stopfnadel

Maschenprobe
15 Maschen x 14 Reihen = 10 x 10 cm

Maße
Breite 29 cm
Höhe 30 cm
Bodentiefe 6 cm

Vorgehensweise

Häkeln Sie 41 Luftmaschen in Grau und häkeln Sie 40 feste Maschen auf die Luftmaschenkette, häkeln Sie dann im Kreis und häkeln Sie weitere 40 feste Maschen in die untersten Schlaufen der Luftmaschenkette. Häkeln Sie weiter im Kreis und nehmen Sie dabei jeweils auf beiden Seiten der Eckmasche zu (4 Maschen pro Runde zugenommen). Häkeln Sie alle festen Maschen in die oberste Schlaufe der vorherigen Reihe. Dadurch entsteht auf der Vorderseite der Arbeit ein «Rillenmuster» und auf der Rückseite der Arbeit ein «Rautenmuster». Führen Sie diese Zunahmen insgesamt 4 x durch. Sie haben jetzt 96 Maschen. Drehen Sie die Arbeit von innen nach außen. Schneiden Sie den grauen Faden ab und verbinden Sie ihn mit dem weißen. Häkeln Sie in die entgegengesetzte Richtung, die Rillen befinden sich nun auf der Innenseite und die Rauten auf der Außenseite der Arbeit. Häkeln Sie 30 Reihen mit Weiß und drehen Sie die Arbeit wieder um, schneiden Sie den weißen Faden ab und befestigen Sie wieder den grauen. Häkeln Sie erneut in die entgegengesetzte Richtung für 3 weitere Reihen mit Grau.
Unterteilen Sie die Arbeit in 4 x 24 Maschen. In der nächsten Reihe häkeln Sie über den 24 Maschen von der Vorder- und Rückseite 100 Luftmaschen für lange Henkel und 35 Luftmaschen für kurze Henkel. In die verbleibenden Maschen werden ganz einfach feste Maschen gehäkelt. Achten Sie darauf, dass die Henkel gerade zueinander stehen. Gehäkeltes hat im Gegensatz zu Gestricktem die Tendenz, sich leicht zu verziehen. Passen Sie die Position der Henkel bei Bedarf an. Häkeln Sie jetzt über alle Maschen noch 2 Reihen feste Maschen in Grau und danach 1 Reihe in Weiß. Häkeln Sie auch eine Reihe halber fester Maschen mit Weiß an den inneren Rand der Henkel. Häkeln Sie auf der 4. Rille des Bodens (nach den Zunahmen) eine Reihe halber fester Maschen mit Weiß auf die Rille.

Verarbeitung

Vernähen Sie alle Fäden. Sticken Sie das Zählmuster der Mühle im Kreuzstich mit Grau auf die Vorderseite.

Zählmuster Mühlentasche

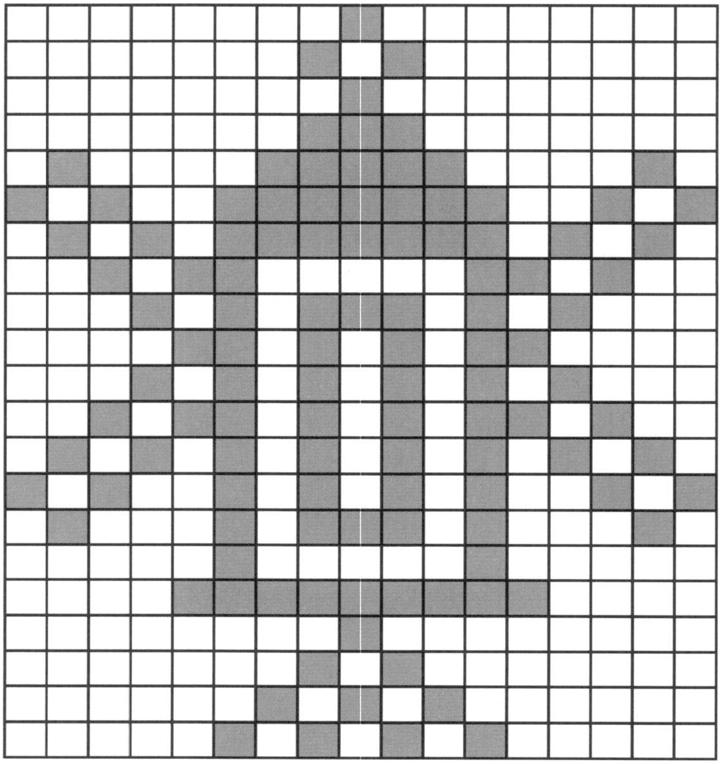

- Wollweiß
- Hellgrau

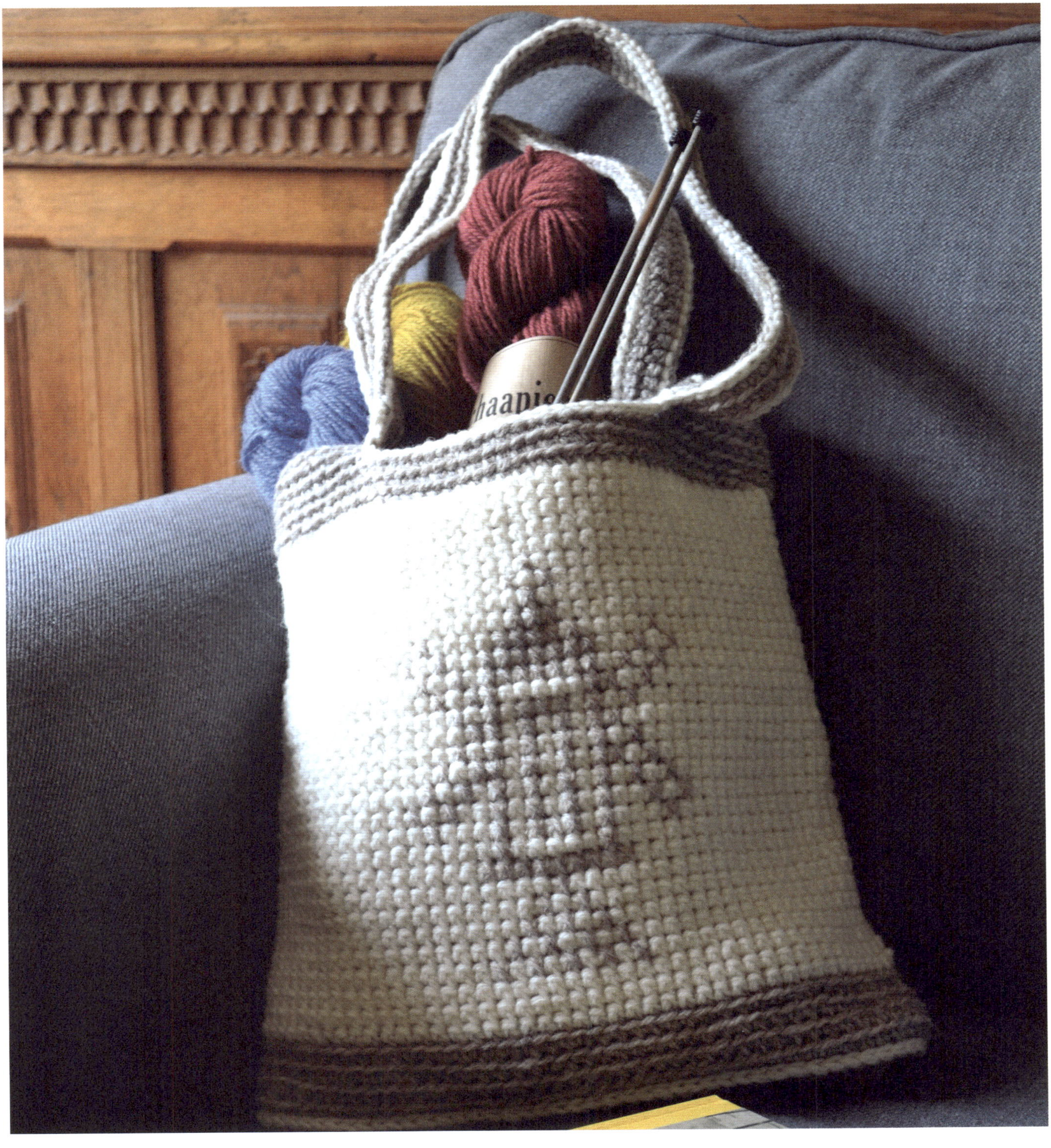

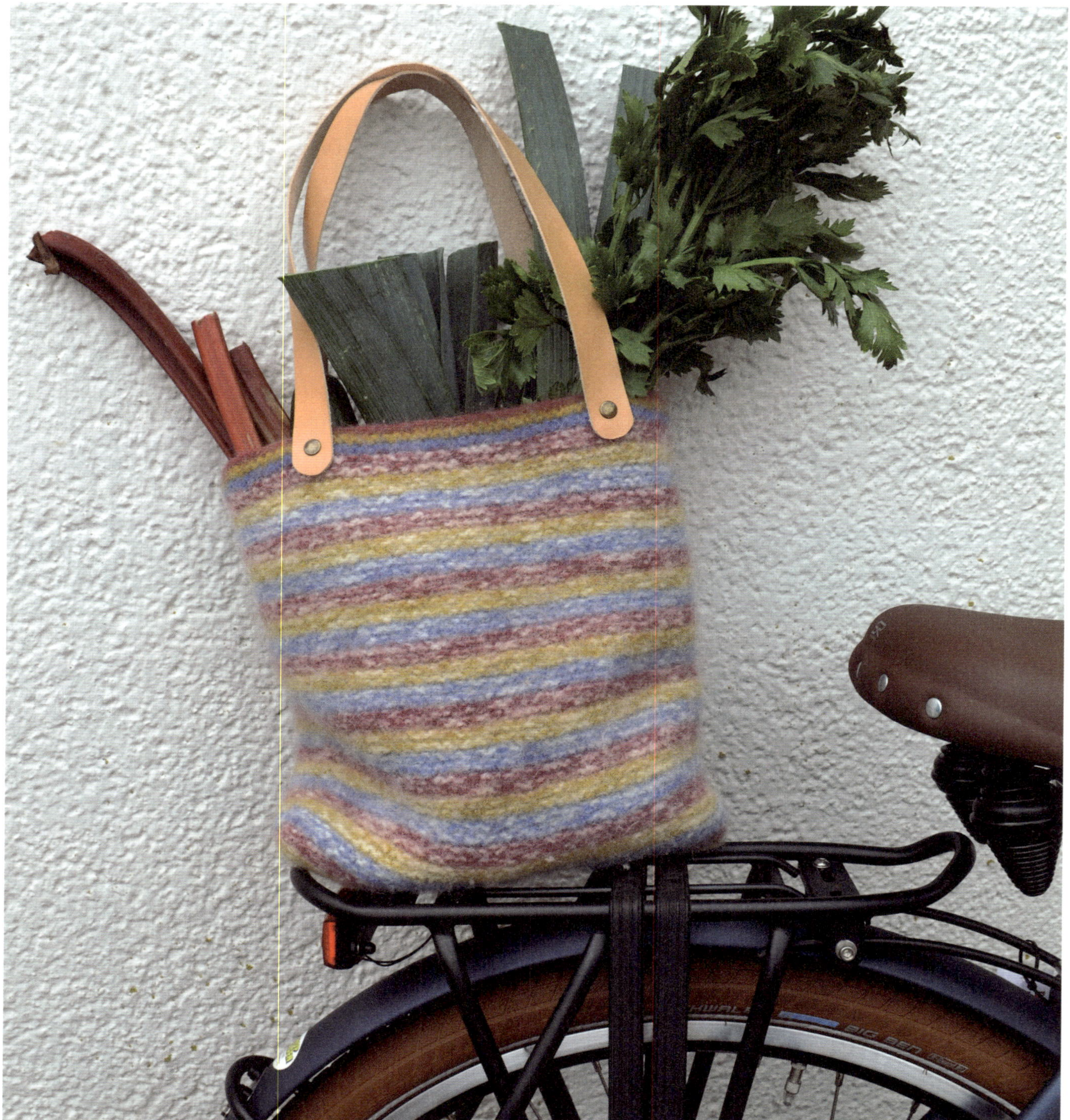
BIG BEN

Streifentasche

Material
Schäfchenwolle Utrechtse Heuvelrug
200 g Natur
100 g Ochsenblut
100 g Gold
100 g Ozean
Rundstricknadel 7 mm - 60 cm
Zwei Lederriemen 60 cm lang
und 2,5 cm breit

Maschenprobe
13 Maschen x 12 Rippen (24 Reihen)
= 10 x 10 cm

Maße
Vor dem Filzen:
Breite 38 cm - Höhe 42 cm
Nach dem Filzen:
Breite 32 cm - Höhe 35 cm

Vorgehensweise

Die Tasche wird mit doppeltem Garn gestrickt. Schlagen Sie 100 Maschen mit 1 x Garn Natur und 1 x Garn Gold an. Schließen Sie die Runde und vergewissern Sie sich, dass keine Verdrehung im Anschlag vorliegt. *Stricken Sie 2 Rippen (4 Runden) und tauschen Sie Gold gegen Ochsenblut. Stricken Sie 2 Rippen und tauschen Sie Ochsenblut gegen Ozean und stricken Sie auch hiermit 2 Rippen. Das Garn Natur wird während der gesamten Strickarbeit als zweites Garn mitgeführt.* Wiederholen Sie noch 6 x von * bis *. Stricken Sie noch 2 weitere Rippen mit Gold, 2 Rippen mit Ochsenblut und stricken Sie danach 1 Rippe ohne das Garn Natur, aber mit 2 Fäden Ozean, 1 Rippe mit 2 Fäden Gold, 1 Runde mit 2 Fäden Ochsenblut und ketten Sie dann ab.

Verarbeitung

Schließen Sie die Naht an der Unterseite. Waschen Sie die Tasche in der Waschmaschine mit einem 60-Grad-Programm für Baumwollbuntwäsche und schleudern diese mit der höchstmöglichen Drehzahl. Geben Sie zu dem Strickstück z.B. 2 alte Handtücher oder eine alte Jeans mit in die Trommel, diese sorgen dafür, dass der Filzvorgang intensiviert wird. Nehmen Sie das Gestrick nach kompletter Beendigung des Programms aus der Maschine. Ziehen Sie das verfilzte Werkstück in Form und lassen Sie es trocknen. Lassen Sie beim Schuhmacher die Ledergriffe mit Hohlklammern an die Tasche nieten. Der Abstand zwischen den Griffen beträgt 15 cm und die Griffe haben einen Abstand von 6 cm zu den Seiten.

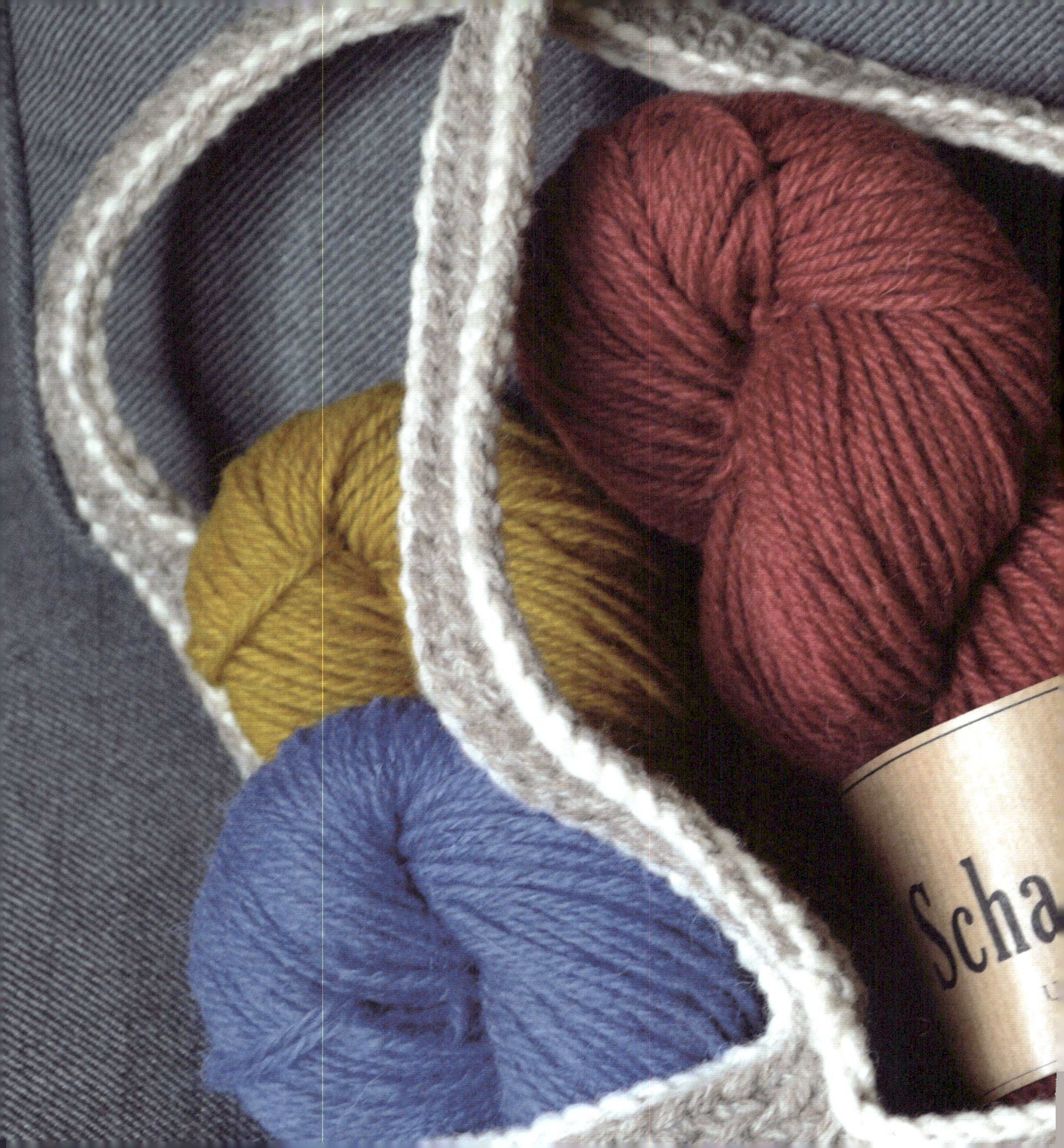

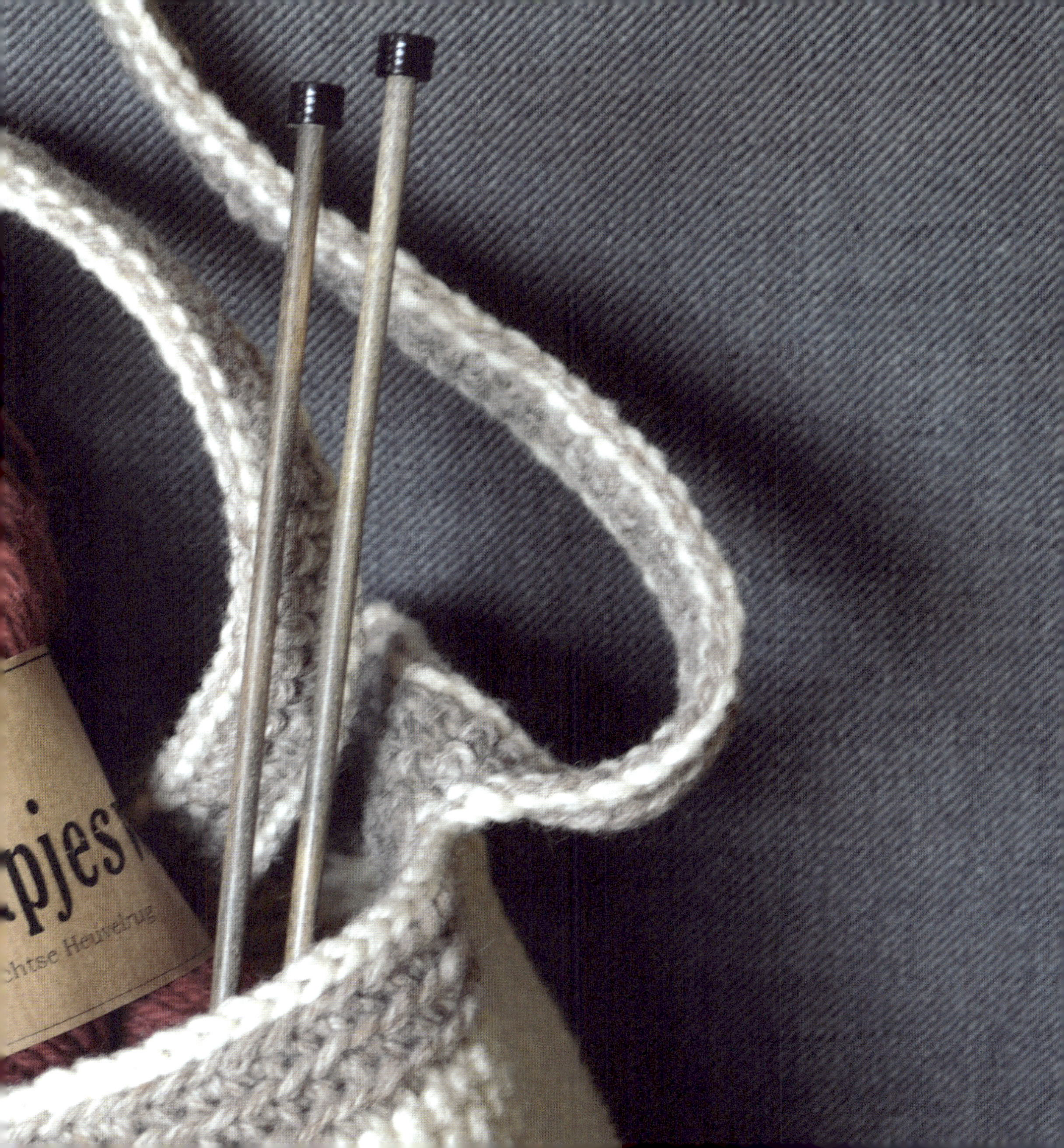

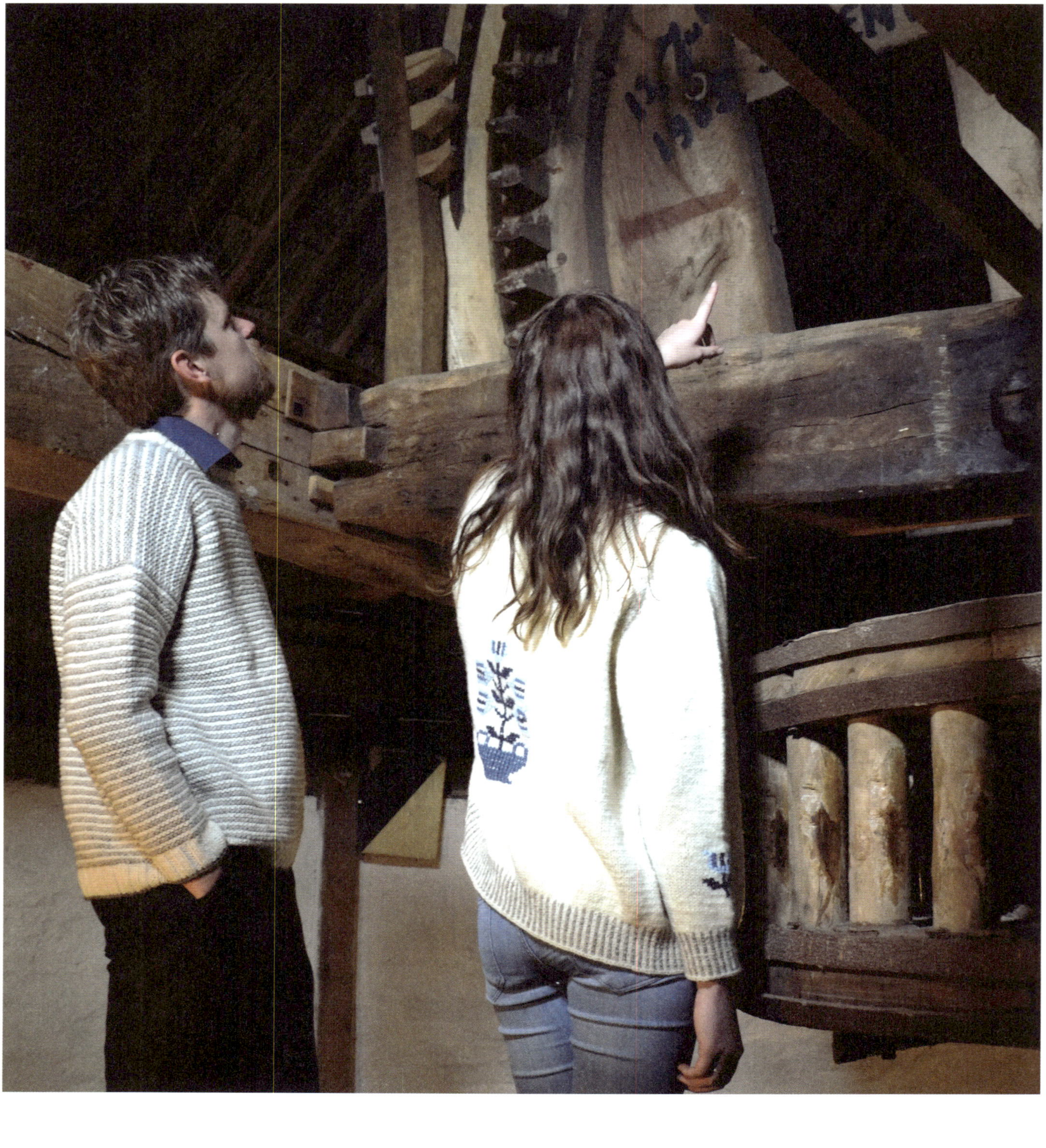

Nachwort

An dieser Stelle ist ein besonderes Wort des Dankes an die Bauern, die Hirten und die Schafe angebracht, ohne die dieses Buch niemals zustande gekommen wäre. Sie waren die Inspiration für die Muster und haben uns beigebracht, genauer hinzuschauen und wertzuschätzen, was uns unsere Umgebung zu bieten hat.

Deshalb geht ein dreifacher Dank an De Schapenstreek und C & K Landschapsbeheer für ihren unermüdlichen Einsatz für die Schafe. Sie haben uns die Wolle zur Verfügung gestellt und ihre Geschichten erzählt. Sie ermöglichten uns, einen Einblick in die wahre Welt der Schafe zu gewinnen. Aber natürlich haben wir auch noch anderweitige Unterstützung von Leuten erhalten, die uns dabei halfen, dieses Buch zu verwirklichen, und die wir gerne beim Namen nennen: Buchhandlung Jacques Baas in Driebergen, Müller Han Mulder von der Mühle Rijn en Lek in Wijk bij Duurstede, De Kersenhut in Cothen und Boswachterij Leersumseveld für den gastfreundlichen Empfang während der Fotoaufnahmen, Petra Piepers (Piepcrafts) für ihre fachkundige Hilfe bei den Lederteilen unserer Strickstücke, Fietsshop Driebergen, die uns ihre Fahrräder geliehen haben, den Teststrickerinnen Patty Anker und Betsy van Bedum, unseren immer geduldigen Models, unseren Hausfotografen und vor allem Femke de Wolff vom Verlag Christofoor für ihren Enthusiasmus und ihr felsenfestes Vertrauen in unsere Idee.

Schicke Jacke ist ein Entwurf von Katelijne de Haan.

Untersetzer, Tulpenjacke, Rippenpullover, Kissen Utrechtse Heuvelrug, Schäfchenkissen, Wärmflaschenbezug, Mühlentasche und *Streifentasche* wurden von Marja de Haan entworfen.

Teemütze und Eierwärmer, Fäustlinge Utrechtse Heuvelrug, Fäustlinge Lutjebroek, Mütze, Stiefelmanschetten, Socken, Pullunder und *Plaid* sind Entwürfe von Hilly van der Sluis.

Die Garne sind bei Trollenwol, Traaij 7 in 3971 GB Driebergen, Niederlande, oder über den Webshop (www.trollenwol.nl) erhältlich.

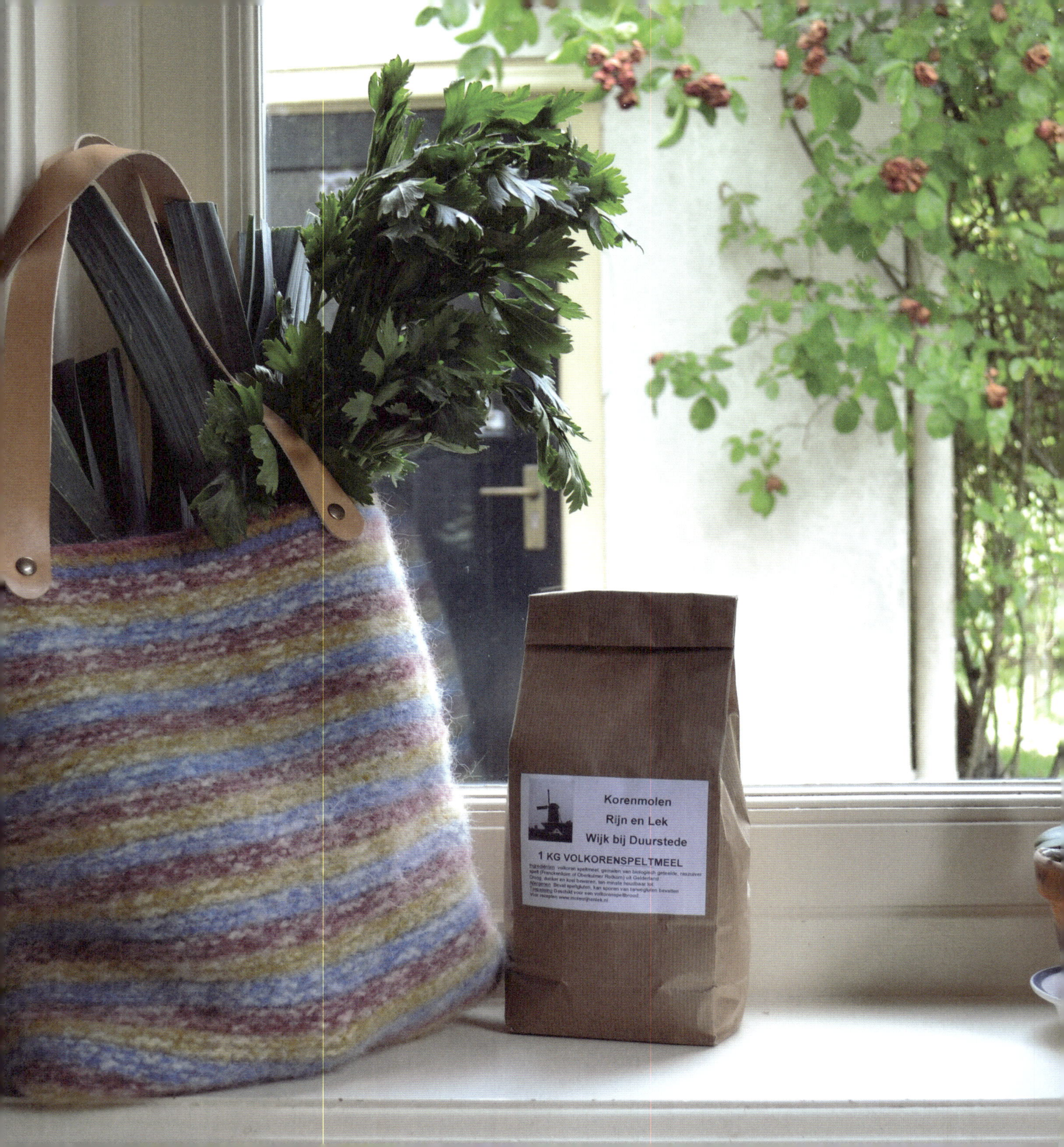
Korenmolen
Rijn en Lek
Wijk bij Duurstede
1 KG VOLKORENSPELTMEEL

Notizen

FSC www.fsc.org MIX Papier aus verantwortungsvollen Quellen FSC® C118234

Aus dem Niederländischen von Andrea Prins

1. Auflage 2021

Verlag Freies Geistesleben
Landhausstraße 82, 70190 Stuttgart
www.geistesleben.com

ISBN 978-3-7725-2953-5

Die Originalausgabe erschien 2019 unter dem Titel
Holland breien bei Uitgeverij Christofoor, Zeist

Models: Katelijne de Haan, Madeleine Schriek-Maatstap, Malou van der Sluis und Thomas Verheij

Fachlektorat: Friderike Plath
Gestaltung: Thomas Neuerer
Druck: GPS Group, Villach
Printed in Europe

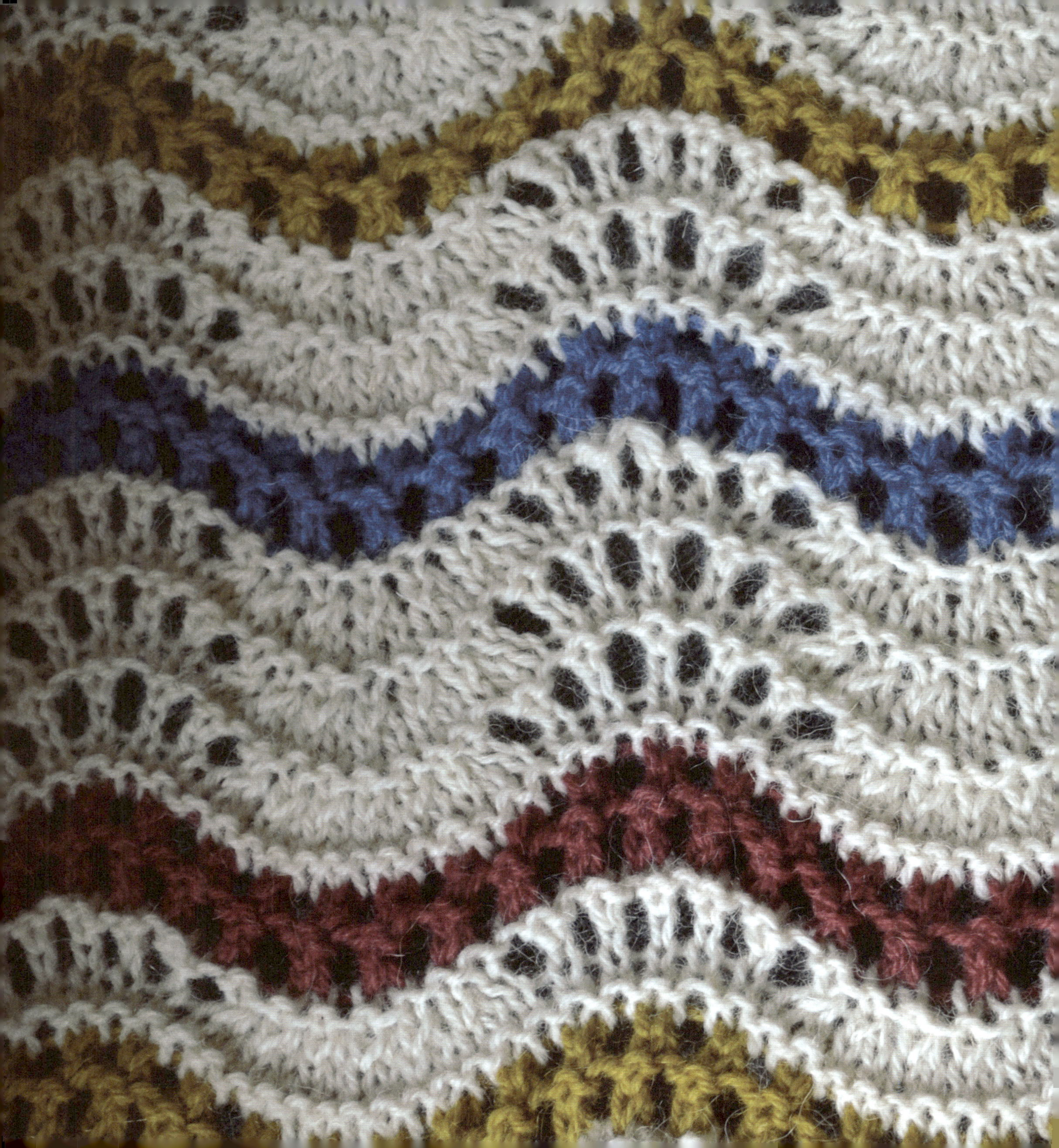